W9-BEH-808

Le Mensonge et le Suicide

DU MÊME AUTEUR

Aux Éditions du Cerf

La parole qui guérit, 1991 (3e éd. 1992).
L'essentiel est invisible. Une lecture psychanalytique du « Petit Prince », 1992.
La Peur et la Faute (*Psychanalyse et morale*, I), 1992.
L'Amour et la Réconciliation (*Psychanalyse et morale*, II), 1992.
Le Mensonge et le Suicide (*Psychanalyse et morale*, III), 1992.
De l'immortalité des animaux, 1992.

En préparation.

Le Clerc (1993).

Chez d'autres éditeurs

De la naissance des dieux à la naissance du Christ, Éd. du Seuil, 1992.

EUGEN DREWERMANN

Le Mensonge et le Suicide

Psychanalyse et théologie morale

III

Traduction de l'allemand par
JEAN-PIERRE BAGOT

Préface par
RENÉ SIMON

*Ouvrage publié avec le concours
du Centre national des lettres
et d'Inter Nationes*

LES ÉDITIONS DU CERF
PARIS
1992

Dans les notes, *SB* renvoie à l'ouvrage d'Eugen Drewermann *Strukturen des Bösen, Die jawistische Urgeschichte in exegetischer, psychoanalytischer und philosophischer Sicht* (Paderborn, Schöningh, 3 vol., 2ᵉ éd. 1979-1980).

Titre original : An den Grenzen des Lebens
(Psychoanalyse und Moraltheologie, III)

© *Matthias-Grünewald-Verlag*, 1984
(Max-Hufschmidt-Strasse 4 a
D — 6500 Mainz-Weisenau)

© *Les Éditions du Cerf*, 1992, pour la traduction française
(29, boulevard Latour-Maubourg — 75340 Paris Cedex 07)

ISBN 2-204-04569-1

PRÉFACE

Comme les autres ouvrages d'Eugen Drewermann, celui-ci ne manquera sans doute pas de susciter des débats, voire de provoquer un rejet pur et simple de la part de certains lecteurs. Les titres donnés aux deux parties du volume y suffiraient déjà: comment parler d'une grâce *de la nature à propos du suicide? Peut-on faire un* plaidoyer *pour le mensonge et affirmer l'*inaptitude humaine à la vérité*? N'est-ce pas ouvrir la porte à la transgression « autorisée » de deux interdits majeurs de l'éthique, indispensables à l'épanouissement de l'homme et de la société? La cause serait donc entendue et le lecteur pourrait fermer un livre qu'il aurait à peine entrouvert. Mais on aurait tort de s'en tenir à ces premières impressions, même si elles ne sont pas toutes sans fondement, même si on est en désaccord avec les thèses soutenues par E. Drewermann. Le livre mérite plus de considération et doit être jugé sur pièces: les questions qu'il soulève sont réelles et appellent la discussion; la méthode utilisée (convergence thématique d'un pluriel méthodologique) est loin d'être sans intérêt.*

Une première chose qu'il convient de relever, c'est justement ce que j'appellerai — sans donner à l'expression un sens péjoratif — le parti pris méthodologique et épistémologique *du recours à la psychanalyse utilisée comme une des* clefs de compréhension *nécessaires des conduites suicidaires et mensongères. Je ne discuterai pas de l'orthodoxie de la position de Drewermann: la palette des obédiences psychanalytiques est suffisamment large pour autoriser sa manière de voir.*

Ajoutons d'ailleurs que l'approche psychanalytique se conjugue avec l'histoire des religions et la philosophie, que l'exégèse trouve une place tout à fait originale dans ses analyses ainsi qu'une théologie qui doit beaucoup à Kierkegaard. Signalons enfin qu'on ne peut, sans risque d'une mé-compréhension grave, ignorer la rigueur des principes méthodologiques que l'auteur expose longuement dans Strukturen des Bösen *(voir surtout l'introduction, p.* XI-XCIII*).*

Revenant à notre sujet, nous pouvons dire que le recours à la psychanalyse permet d'abord à E. Drewermann d'opérer une classi-fication des conduites suicidaires et mensongères. C'est notamment le cas pour la partie du volume consacrée au suicide. Trois séries de comportements suicidaires sont successivement envisagées : celles qui se réfèrent à la démarche régressive du moi au ça face à des situations subjectivement ou objectivement sans issue. Parmi ces dernières l'auteur fait état de la maladie et de la souffrance incurables, de l'âge et de l'infirmité, de la torture et de la résistance, du problème du sui-cide bilan. La deuxième série de suicides est rangée sous la rubrique du « suicide-vaudou » et concerne le rapport conflictuel du moi et du surmoi. Quant à la troisième série, il s'agit du suicide envisagé comme mort sacrificielle, dans l'optique psychanalytique du conflit entre le moi et le principe de réalité.

*Avant toute autre considération, il me paraît intéressant de nous attarder quelque temps sur la classification elle-même et sur le rap-prochement qui peut être fait avec celle de J. Baechler. On se rap-pelle peut-être qu'il y a une vingtaine d'années celui-ci avait proposé (*Les Suicides, *Paris, 1973), dans la perspective de la sociologie com-préhensive de M. Weber, une classification typologique des compor-tements suicidaires. C'est l'aspect stratégique, vu sous l'angle des « motifs-pour » (Um-zu-Motive) qui fournissait le principe de sa clas-sification ; il l'associait, d'autre part, aux « motifs-parce-que » (Weil-Motive), qui en fournissaient l'étiologie des comportements suicidai-res. L'auteur ramenait tous les suicides à onze types qui permettent de les comprendre et d'en définir le sens. Son objectif ne visait pas l'approche des cas singuliers, mais leur classement sous la généralité typologique des finalités poursuivies. La typologie de E. Drewermann part du point de vue psychanalytique et porte dès lors son attention sur l'approche des cas singuliers ; on pourrait, pour cette raison, la désigner par l'expression de typologie « casuistique », ce dernier terme signifiant précisément que l'intérêt se porte plutôt sur le cas singu-lier que sur le type classificatoire. Mais quelles que soient leurs dif-férences, ces approches typologiques des suicides présentent un réel intérêt. En tout premier lieu, c'est la qualification éthique du suicide qui se trouve mise en question. L'approche typologique fait, en effet,*

*éclater le sens univoque du suicide dans la pluralité et l'hétérogénéité
des sens typiques. Là où une définition comme celle du* Dictionnaire
de théologie catholique *(voir aussi l'ancien Droit canonique : c. 985,
n° 5 ; c. 1240, n° 1 et c. 2350, n° 2 ; — le nouveau code a apporté
sur l'attitude de l'Église vis-à-vis des suicidants — tentative ou suicide effectif — des modifications substantielles), permettait de le qualifier immédiatement comme crime (sauf accès de folie ou crise
maladive), la typologie met en relief la polyvalence sémantique des
comportements suicidaires et la complexité des facteurs internes et
externes qui interviennent dans leur processus jusqu'à la position de
l'acte ; apparaît dès lors la difficulté, sinon l'impossibilité, de porter
un jugement moral univoque sur la variété des conduites suicidaires ;
se profile aussi du même coup la question de la transgression de la
norme (et de sa légitimité), quand existe une contradiction entre l'universalité de celle-ci et la singularité d'une situation, individuelle ou
groupale, en outre chargée de valeurs positives de premier plan, ou
encore, quand, pour reprendre les termes de P. Ricœur, une « déchi-
rure » se produit entre « le respect de la règle et le respect pour les
personnes »* (Soi-même comme un autre, *p. 312). Se révèle alors
nécessaire, selon le même auteur, le recours à la sagesse pratique, qui
conduit à formuler un jugement moral en situation (ce qu'Aristote
et S. Thomas appelaient le « jugement prudentiel »), qui prenne précisément en compte les conflits et les valeurs en jeu. On peut penser
ici aux cas classiques de la légitime défense et de la « juste » guerre
(ce dernier concept, très critiqué depuis que nous disposons de l'arme
nucléaire, mais qui fait retour aujourd'hui avec certains conflits
contemporains : guerre du Golfe, situation de l'ex-Yougoslavie).*

*Drewermann, s'appuyant principalement sur l'approche psychanalytique, étend ces exceptions à l'interdit aux différents types de suicide. À vrai dire, son choix épistémologique et méthodologique le
conduit, non pas à partir de la norme prise en son universalité pour
descendre vers les cas singuliers des comportements suicidaires, mais,
au contraire, à partir de ceux-ci pour contester la prétention à l'universalité de l'interdit. Une option de fond se dessine derrière cette
démarche : elle tient à la fois au recours privilégié (dans le cas des suicides) à l'outil psychanalytique et, plus fondamentalement encore sans
doute, à une thèse, centrale dans sa pensée, à savoir l'incapacité radicale de l'éthique, laissée à ses propres forces et lumières et fonctionnant exclusivement selon la logique inhérente aux catégories du fini
et de la contingence, de répondre au tragique de la condition
humaine ; l'éthique méconnaît, de ce fait, la seule voie du salut qui
soit offerte à l'homme et qui puisse le rendre capable de surmonter
l'angoisse du vide, la voie ouverte par la parole d'amour du Dieu de*

Jésus-Christ. Une telle éthique est aveugle aux conditions concrètes de l'existence humaine; la norme prend alors les allures d'une universalité abstraite et culpabilisante à la mesure même de l'obligation contraignante qu'elle comporte et de son incapacité à apporter la libération à l'homme. La citation suivante est significative de la position de E. Drewermann sur cette question : « La religion accepte de reconnaître que le problème de la faute constitue une impasse, comme le problème du fini, mais elle ne peut le faire qu'à condition de ne pas s'abaisser au niveau des catégories du fini, donc de l'éthique, et de refuser de sacrifier la libération, la rédemption de l'individu, au profit du caractère universel de l'Église ou de la société » (p. 71).

C'est dans cette optique d'ensemble que Drewermann envisage la possibilité circonstanciée du suicide. Il refuse de considérer les différents cas de suicide comme une réponse à un non-sens global de la vie. Il estime, au contraire, que celle-ci comporte des situations singulières, qui, en leur singularité même, constituent de véritables impasses subjectives ou objectives et sont perçues comme intolérables par l'individu et sans autre issue que le suicide. La religion elle-même n'a pas nécessairement de réponse adéquate à fournir face à ce tragique circonstancié de la vie humaine. Drewermann est dès lors amené à parler, pour des situations déterminées, d'un droit au suicide et, par voie de conséquence, d'un droit à l'euthanasie. Nous touchons ici à des questions radicales et complexes, où l'on remarque une évolution rapide des mentalités, alors que le débat médical, éthique et religieux se développe avec beaucoup de sérieux; le lecteur aura donc à discuter les conclusions de l'auteur. Celui-ci a du moins le mérite de désigner et d'analyser des situations existentielles qui posent des problèmes, celles, par exemple, qui se situent à l'extrémité terminale de la vie humaine et pour lesquelles certains arguments employés par la théologie morale, notamment celui qui s'appuie sur l'affirmation que Dieu est le maître de la vie, et doivent faire l'objet d'une réflexion renouvelée.

Les pages que l'auteur consacre au mensonge ne sont pas sans lien avec celles qui concernent le suicide, ne serait-ce que parce qu'il aborde d'une manière plus explicite les thèses fondamentales de sa pensée, auxquelles j'ai déjà fait référence. Je retiendrai ici les points suivants.

Tout d'abord est affirmée avec vigueur l'incapacité radicale de l'homme à la vérité; il y a là, aux yeux de l'auteur, quelque chose de congénital, de naturel à la condition humaine, prise en son état de séparation d'avec Dieu. Drewermann s'appuie ici sur la doctrine classique du péché originel, telle du moins qu'elle s'est développée dans la ligne de S. Augustin. Il est, sur ce point, proche des vues de

*Luther et de Kierkegaard. Il conjugue, pour établir sa position, l'exé-
gèse des chapitres 2 et 3 de la Genèse et la psychanalyse. Du point
de vue exégétique, il affirme que la faute consiste moins dans la chute
elle-même que dans la conduite mensongère qui lui fait suite.
L'homme est angoissé de n'être que lui-même, limité, contingent;
cette angoisse le pousse à vouloir être comme Dieu. Il se voile ainsi
sa propre situation et celle d'autrui. Tentative fallacieuse, trompeuse,
qui est l'essence même du mensonge, d'un mensonge en quelque sorte
ontologique, constitutif de l'être même de l'homme, avant toute
parole mensongère; elle s'appuie sur une liberté fictive, alors que les
textes bibliques aussi bien que la théologie morale partent de la non-
liberté, situation fondamentale de la condition humaine après la
chute, qui appelle l'intervention salutaire de Dieu. Elle seule est susceptible par la confiance qu'elle engendre d'arracher l'individu à
l'angoisse et d'instaurer une relation vraie avec Dieu et avec les autres.
Quant à la psychanalyse, E. Drewermann estime qu'elle fournit la
possibilité de systématiser concrètement les déformations provoquées
par l'angoisse et de concevoir la vie sans Dieu comme une forme de
mensonge pathologique.*

*Dans la perspective ainsi développée, il devient évident que l'éthi-
que philosophique, parce qu'elle prend appui sur la liberté, fait fausse
route et se trouve incapable de fournir des réponses adéquates à
l'angoisse de l'homme et de le libérer de la situation mensongère qui
est la sienne. Bien plus, elle accentue cette situation, en confortant
le mensonge par l'importance qu'elle accorde à l'interdit; accentua-
tion aux conséquences encore plus graves, quand il s'agit d'une théologie morale qui fait de Dieu un Dieu prescripteur et pervers. La
position tranchée de Drewermann sur le statut de l'éthique philosophique pose doublement un problème. D'une part, il opère ce qu'on
peut appeler une réduction théologico-christologique de l'éthique philosophique: celle-ci n'a de sens et de valeur que placée dans l'axe d'un
salut qui vient à l'homme du Dieu de Jésus-Christ. Cette réduction
va d'ailleurs de pair avec l'incapacité radicale à la vérité et au bien
qu'il attribue à l'homme. Très curieusement cette position n'est pas
sans analogie avec la thèse défendue par J. Maritain dans les années
30, celle d'une « philosophie morale adéquatement prise », qui tire
justement sa valeur de la fin « surnaturelle », à laquelle l'homme est
ordonné; la philosophie doit donc nécessairement prendre en considération les apports qui lui viennent de la théologie, à laquelle elle
est subalterne. Il n'est pas question de discuter ces thèses; rajeunies,
elles pourraient fort bien être utilisées dans le procès qui se développe
aujourd'hui dans certaines sphères ecclésiastiques contre le siècle des
Lumières, accusé d'avoir engendré tous les maux dont nous souffrons*

aujourd'hui. Je voudrais simplement relever qu'il me semble difficile de refuser la possibilité d'une éthique philosophique autonome. Non seulement l'histoire de la philosophie est là pour démontrer de facto cette possibilité, mais encore raison pratique et liberté se conjuguent pour en tracer de façon critique les formulations, s'opposant ainsi au pessimisme anthropologique de E. Drewermann, qui ne s'impose nullement et qui pourrait tout aussi bien, en privant l'homme de toute capacité d'initiative dans l'ordre de la vérité et du bien, accentuer encore davantage le tragique de sa condition. Au contraire, la position de l'auteur pointe vers une question importante et que l'on ne saurait évacuer, celle, dans l'ordre même de l'éthique, d'une ouverture méta-éthique; autrement dit, au plan même de la visée éthique et de ses élaborations normatives, s'annonce un horizon qui est toujours un au-delà non appropriable, forme de transcendance, qui indique dans la vie de l'homme quelque chose comme un absolu. C'est en ce point qu'on pourrait repenser l'articulation de l'éthique et de la foi, de l'éthique et de la théologie.

Deuxième élément que je voudrais souligner: en mettant en lumière les situations mensongères selon la variété des secteurs institutionnels, historiographiques, sociaux, etc., comme il l'avait fait pour les conduites suicidaires, E. Drewermann se met nécessairement en contradiction avec l'éthique philosophique en ses prétentions universalistes et la théologie morale catholique officielle. Les critiques qu'il formule procèdent moins d'une intention polémique systématique que des questions qui surgissent des cas et situations mêmes qu'il analyse, en recourant à tout un ensemble de disciplines, parmi lesquelles la psychanalyse occupe une place privilégiée. C'est toujours à des questions concrètes que Drewermann renvoie. Ce sont elles qui posent des difficultés. En parlant, d'autre part, d'un mensonge coextensif à l'histoire de l'humanité et de nature structurelle, il est conduit à dénoncer des situations « faussées » qu'on retrouve, hélas! dans tous les secteurs de la vie individuelle et collective, de même qu'est omniprésente l'injustice. Ajoutons que la lecture qu'il fait de Genèse 2 et 3, lui permet de montrer l'intime liaison du mensonge avec toute forme de « péché » (la perversa imitatio Dei de S. Augustin).

Il n'est pas le seul à penser, en outre, que l'angoisse tient une place centrale dans la vie humaine. Dans un registre voisin, J. Baechler, que j'ai déjà évoqué, fait intervenir, à propos des candidats au suicide, le sentiment d'insécurité: celle-ci est une caractéristique fondamentale de l'homme. Trois possibilités s'offrent à ce dernier pour la conjurer: soit une stratégie de puissance et de domination marquée par l'ambition, soit une stratégie de dépendance et de soumission qui sollicite la bienveillance d'autrui, soit une stratégie mixte. Les suicides et les tentatives de suicide se développent surtout chez les sujets des deux stratégies unitaires. Outre les nombreuses publications psychanalytiques, on pourrait encore se reporter aux ouvrages que Jean Delumeau a consacrés à la peur et à son exploitation dans la pastorale (la pastorale de la peur), pour signaler l'omniprésence de l'angoisse et les manières de la conjurer ou d'en tenter le dépassement.

Je relèverai enfin un dernier point intéressant. C'est l'extension même et la profondeur de la situation mensongère de l'homme, qui amène E. Drewermann à parler paradoxalement d'un « plaidoyer pour le mensonge » et à proposer la thèse d'un droit et même d'un devoir de mentir. S'inspirant de Schopenhauer, il estime, en effet, que ce droit et ce devoir s'inscrivent dans le cadre théorique de la légitime défense face à l'injuste agresseur. Quoi que l'on pense de cet argument, il nous rappelle que le mensonge relève autant et même plus de la vérité des personnes et de leurs relations que de la vérité des contenus propositionnels.

En terminant, je dirai qu'un des intérêts non négligeables que peut procurer la lecture de ce livre est de nous faire sortir des sentiers battus de la théologie morale, qu'il s'agisse de sa forme académique comme de ses arguments. Le recours à de nombreuses sources issues de multiples disciplines (psychanalyse, exégèse, philosophie, théologie, histoire des religions) va dans ce sens. Le discours théologique s'enrichit ainsi d'apports extérieurs (le sont-ils vraiment ?). En même temps l'auteur nous ramène d'une manière têtue à l'expérience et à la réalité des situations et des cas concrets et à l'éventuelle impossibilité de les subsumer sous la généralité d'une règle. Nous est par là rappelé que le lieu où s'enracine l'éthique comme discipline, la scientia moralis *ainsi que la désignaient les auteurs médiévaux, c'est la vie concrète des hommes. « Dans le domaine de la morale, écrit S. Thomas, il faut partir comme d'un principe de ce qui est (de l'action, du comportement). On doit donc interroger l'expérience et la coutume. »*

RENÉ SIMON.

1

Le problème du suicide
ou
D'une grâce ultime
de la nature

> Il est pourtant certain que, dans la nature, rien ne rend l'homme nécessaire, sinon l'amour.
>
> J. W. GOETHE,
> *Les Souffrances du jeune Werther.*

Il n'est pas vrai que Dieu ait créé un monde où toutes les détresses trouvent une issue.

Le jour où je commence à écrire ce chapitre, ce 2 mars 1983, Arthur Koestler, âgé de soixante-dix-sept ans, et sa femme Cynthia, viennent de mettre fin à leurs jours, « librement » comme on a l'habitude de le dire, en s'empoisonnant. En Hongrie, Koestler s'était élevé contre la terreur bolchevique ; il avait lutté contre les phalanges de Franco ; en Grande-Bretagne, on l'avait jeté en prison comme politiquement suspect ; mais, en tant qu'homme et écrivain, il avait cherché par tous les moyens à montrer que nature humaine et société n'ont rien d'un appareil fonctionnant mécaniquement : à chaque étape de l'évolution, on voit apparaître un phénomène, un « cheval dans la locomotive[1] », comme il l'appelait, qui échappe aux prises d'une pensée causale réductrice ; il existe des degrés de liberté montrant que nous ne sommes pas seulement « un petit point sur un cylindre d'orgue de Barbarie », pour parler comme Dostoïevski dans *Le Sous-Sol*. Koestler est resté jusqu'à la fin fidèle à cette conviction. Vice-président de l'association Exit, il souffrait de leucémie et de la maladie de Parkinson. Biologiquement, la mort peut constituer la destinée inexorable de chaque individu ; cependant, pour lui, l'homme peut et doit décider lui-même de la forme qu'elle doit prendre et de son moment. Mais à partir de quel point de vue les choisir ? Et, question plus radicale : un tel droit peut-il exister, et doit-on y prétendre ?

Contre le droit au suicide, on rencontre deux arguments fondamentalement antithétiques et aussi répandus que faux.

Le premier, c'est celui qu'a magistralement exposé et discuté Albert Camus dans *Le Mythe de Sisyphe* : le suicide serait une mauvaise réponse à l'absurdité de la condition humaine, une sorte de confusion entre la cause et le but de la « révolte métaphysique[2] » contre la « mathématique[3] »

1. Dans *Le Cheval dans la locomotive* (Paris, Calmann-Lévy, 1980), A. KOESTLER tente de remettre en cause l'image du monde bien huilé du causalisme mécaniste en physique et en biologie. On lira, en particulier avec profit, sa critique du néodarwinisme.

2. A. CAMUS, *L'Homme révolté*, Paris, Gallimard, 1951, p. 352 : « La conséquence de la révolte [...] est de refuser sa légitimation au meurtre puisque, dans son principe, elle est protestation contre la mort. » Camus applique ici au problème du meurtre (politique) son analyse structurelle de l'absurdité comme contradiction entre l'attente humaine de sens et la destruction objective : « si l'on refuse ses raisons au suicide, il n'est pas possible d'en donner au meurtre » (p. 18).

3. A. CAMUS déclare que « l'horreur [devant la mort] vient en réalité du côté mathématique de l'événement [...]. Sous l'éclairage mortel de cette destinée, l'inutilité apparaît » (*Le Mythe de Sisyphe*, Paris, Gallimard, coll. « Idées », p. 30). On doit bien accorder à Camus que les causes et les circonstances factuelles de la mort sont le plus souvent marquées d'une terrible absurdité ; mais savoir comment l'homme affronte la mort est une question et savoir comment l'individu en éprouve la forme concrète en est une autre ; on peut très bien à la fois penser que la vie a une fin et protester contre les circonstances dégradantes de la mort ; et ce n'est pas parce qu'on admettrait les « statistiques » de la mort qu'on doit pour autant ressentir sa propre vie uniquement comme un chiffre sans signification, comme un néant. Chez Camus, la contradiction posée entre l'homme et la nature apparaît une fois de plus comme la projec-

sanglante par laquelle les lois de la nature disposent de la vie de l'individu. Selon Camus, l'absurdité manifeste qui consiste à ramener de façon arbitraire et au gré de ses humeurs la vie humaine, prise dans ses cas particuliers, au creuset de la nature, constitue d'autant plus un mépris de toute l'attente humaine de sens, qu'on ne peut saisir l'existence humaine que comme moralement contradictoire avec la nature, comme une protestation élémentaire contre l'ennemi mortel : la mort elle-même. Cette protestation serait gâchée si, au lieu de découvrir la vie comme la valeur absolue et de la protéger contre la mort, on recourait aux services de celle-ci en tuant ou en se tuant. C'est justement parce que la mort est absurde que l'homme doit refuser d'en nier l'absurdité en se supprimant lui-même, donc en lui donnant raison contre la vie ; c'est en supportant l'absurdité objective de l'existence et en refusant de renoncer à rechercher perpétuellement le sens de la vie humaine qu'on affirme sa protestation héroïque contre la mort. C'est parce que l'existence est absurde que le suicide n'en est pas une issue légitime.

L'argument de la majorité des théologiens chrétiens est exactement inverse : le suicide est un acte illégitime parce qu'il manifeste un désespoir définitif devant une vie qu'on déclare absurde : il s'oppose donc à la confiance en l'existence qu'on est en droit d'attendre d'un chrétien. On attribue également un rôle important à l'argument positiviste selon lequel celui qui se donne la mort s'arroge un droit qui n'appartient qu'à Dieu : celui de décider de la vie et de la mort. Car seul Dieu est maître de la destinée humaine, lui seul est en droit de décider de la forme et du moment de la mort[4].

tion d'une contradiction de l'existence cherchant vainement un sens susceptible de la justifier. Il est d'autre part exact que le problème de la mort concerne *essentiellement* l'individu, ce qu'a bien souligné Ludwig MARCUSE : « L'expérience de la mort, son universalité aussi bien que son insularité, est liée à l'expérience du moi » ; « Plus le moi est fort, [...] plus forte est aussi la menace que la mort fasse éclater cette totalité la plus réelle qui soit » (*Philosophie des Un-Glücks*, Zurich, 3e éd., 1981, p. 92 et 132). Seule la foi en l'immortalité du moi est capable de le protéger contre cette menace absolue et cette remise en cause radicale de l'existence individuelle.

4. *Du côté protestant*, Karl BARTH rejette de façon particulièrement claire le suicide (*Dogmatique*, III, 4) : « L'anéantissement de sa propre vie est toujours opposé à la foi qui appréhende Dieu ; car il est renonce-

ment à l'aide divine, mise en cause de la façon dont il dispose sans restriction de nous-mêmes, refus de notre lot propre. » Le suicide apparaît ici comme une « autodélivrance » et une « autoglorification » ; K. Barth insiste bien sur l'impossibilité de juger du suicide pour des raisons uniquement morales, donc indépendamment de la foi. Dans son *Éthique*, Dietrich BONHOEFFER montre un peu plus de compréhension, même si, profondément, il ne s'éloigne pas de ces principes : « Celui qui est au bord du suicide n'entend plus ni commandement ni interdit. Il n'entend plus l'appel bienveillant de Dieu à croire, à se sauver, à se convertir. Aucune loi ne sauve le désespéré en faisant appel à ses propres forces : elle ne fait que l'entraîner sans rémission dans le désespoir [...]. Celui qui ne peut plus vivre, aucun commandement lui intimant l'ordre de vivre ne peut l'aider ; seul le peut un esprit nouveau. » Mais le problème théologique reste naturellement celui de savoir si un croyant, marqué par cet esprit nouveau, ne devrait pas être à l'abri de cette tentation ? On sous-entend toujours que le suicide constitue une décision touchant la valeur ou la non-valeur de sa vie, et la réflexion théologique, même quand elle parle d'angoisse et de désespoir, se montre hors d'état de pénétrer le problème psychique. C'est donc fort justement que P. KRAUS, qui se réfère aux citations précédentes, déclare : « Le spécialiste du suicide se demande ce qui le choque le plus dans nombre de jugements théologiques : son extériorité, la rigueur de ses exigences, sa surestimation de l'esprit et de la volonté, sa sous-estimation du naturel, ou le renvoi à un Dieu qui, en tant que démiurge, interviendrait dans le cours de la vie humaine, donc dans les lois qu'il a lui-même posées, se remettant ainsi lui-même en question » (*Der ersehnte Tod. Tötung auf Verlangen*, Stuttgart, 1974, p. 80). Voir aussi la critique de K. P. JÖRNS : *Nicht leben und nicht sterben können. Suizidgefährdung — Suche nach dem Leben*, Vienne-Fribourg-Bâle-Göttingen, 1972, p. 116-122. — *Du côté catholique*, l'ancien droit canon de 1917 (CIC 1230, 1, 4) déclare qu'on ne peut enterrer à l'Église ceux qui se tuent *deliberato consilio*. Selon les canons 985, 5 et 2350, 2, une simple tentative de suicide constitue une raison suffisante pour exclure de la réception ou de l'exercice des ordres dans l'Église. On se pose à peine la question de savoir ce que peut vouloir dire « propos délibéré », et de toute façon on situe le suicide à mi-chemin entre la psychopathologie et la démonologie, entre la maladie et le péché. Comme « argument » montrant combien le péché s'oppose à Dieu, on cite Dt 32, 39 : « Voyez maintenant que moi, moi je Le suis, et que nul autre avec moi n'est Dieu. C'est moi qui fais mourir et qui fais vivre. » On fait en outre valoir que le suicide se dresserait contre l'amour chrétien de soi, qu'il reviendrait à prétendre à un droit illimité de l'homme sur lui-même, et qu'il contredirait ainsi tant le droit et l'honneur du Dieu créateur et maître de la vie humaine que le droit de la société. La maxime sous-jacente au suicide reviendrait à détruire « tout sentiment du devoir social » (J. MAUSBACH, *Katholische Moraltheologie*, 3 v., t. II, Münster, 6ᵉ éd., 1930, p. 56-57). Ces arguments restent encore ceux qu'on fait valoir aujourd'hui : voir le nouveau code de Droit canon de 1983, 1041, 5. Mais on peut vraiment se demander si, pour cela, on peut en appeler sans restriction à saint AUGUSTIN, ainsi qu'on le fait le plus souvent (*La Cité de Dieu*, I, 19 ; 20 ; 22-27 ; XIX, 4). L'évêque d'Hippone voulait surtout contrer la doctrine stoïcienne selon laquelle le bonheur humain est à chercher dans la paix de l'âme. Augustin pense que, si les stoïciens approuvent le suicide en cas de souffrances insupportables, c'est que la vie n'est pas heureuse — et il trouve là un argument, non pas contre le suicide, mais en faveur du besoin de salut. Il refuse en même temps de considérer le suicide comme un acte de courage, y voyant plutôt un signe de faiblesse. Bien sûr que les hommes *sont* faibles ! Augustin laisse ensuite entendre que, pire que le fait d'abréger sa vie par faiblesse, il y aurait celui de continuer à vivre par faiblesse et par peur de la mort, d'où la nécessité du salut. Il cherche finalement à combattre l'opinion selon laquelle il serait permis de se supprimer pour échapper au déshonneur moral, mais ses arguments sur ce point sont artificiels et n'ont pas la finesse psychologique insurpassable dont il fait montre habituellement. Il comprenait mieux un Theobrotus qui, à la lecture de Platon, aurait été saisi d'un tel désir d'immortalité qu'il se serait précipité du haut d'un mur ; toutefois Theobrotus se serait ainsi montré « plus grand que bon » dans *Œuvres de saint Augustin. La Cité de Dieu*, Paris, Desclée de Brouwer, « Bibliothèque augustinienne » (I, 22, 1959, p. 265), et aurait mal interprété Platon, « lequel n'a jamais agi ainsi pas plus que les patriarches ni les prophètes ». En dépit de la carence de son raisonnement, l'opinion d'Augustin continua à s'imposer durant tout le Moyen Âge, avec saint THOMAS D'AQUIN pour premier responsable (voir *Somme théologique*, I-II, q. 64, a 5). La condamnation du suicide était si claire que Dante consacra un chant funèbre à ceux qui en étaient coupables (*La Divine Comédie*, ch. XIII, v. 91-101). Il condamne les suicidés à se changer en arbres : « Et là, dans les ténèbres des profonds halliers, nos corps pendront à l'arbre de leur ombre attristée » (« L'Enfer », ch. XIII, v. 106-108). — *Juridiquement*, le sénat de la Cour de justice de la République fédérale allemande déclare le suicide un manquement à la loi morale. J. WAGNER considère le droit au suicide comme un droit fondamental (*Selbstmord und Selbstmordverhinderung. Zugleich ein Beitrag zur Verfassungsmässigkeit der Zwangsernährung*, Karlsruhe, 1975, p. 94 s.). Les statistiques portant sur des cas de suicide issus de différents niveaux de culture montrent le peu d'influence des législations religieuses ou civiles. J. BAECHLER montre cependant que le lien religieux qui unit l'individu au groupe des croyants joue un grand rôle (*Les Suicides*, Paris, Calmann-Lévy, 1975, p. 92). — *Philosophiquement*, l'argument de KANT est devenu classique : « Anéantir en sa propre personne le sujet de la moralité revient à extirper du monde, autant qu'il dépend de soi, la moralité de son existence même, alors qu'elle est une fin en soi ; par conséquent disposer de soi comme un simple moyen en vue d'une fin quelconque signifie dégrader l'humanité (*Homo noumenon*) en sa personne à laquelle était confiée cependant la conservation de l'homme (*Homo phaenomenon*) » (*Métaphysique des mœurs*, dans *Œuvres philosophiques*, Paris, Gallimard, « Bibl. de la Pléiade », t. III, p. 707). U. EIBACH s'élève contre le manque de réalisme de cette déclaration (*Medizin und Menschenwürde. Ethische Probleme in der Medizin aus christlicher Sicht*, Wuppertal, 1976, p. 227-228). D'autres traités philosophiques, qui de façon générale voient dans la mort volontaire la disparition d'une valeur de la société et nient dès lors le droit au suicide, ne prêtent à peu près aucune attention à la situation psychologique du

Il se peut que les deux arguments soient finalement équivalents — dans le suicide-bilan, par exemple, lorsque quelqu'un quitte la vie parce que, après mûre réflexion, il en est arrivé à la conclusion qu'aucune vie humaine, ni la sienne ni celle des autres, ne mérite d'être vécue, « car ce qui va se créant ne mérite à coup sûr que d'aller au néant[5] » ; pour Méphisto, commettre un suicide supposerait en fait qu'on attribue une valeur à l'existence prise globalement. Mais ce n'est pratiquement jamais ainsi qu'on se comporte. Une jeune fille de dix-sept ans qui veut se jeter sous un train ne porte nullement un jugement sur la vie dans son ensemble : elle n'entend ni manifester son néant ni nier la densité existentielle des êtres qui l'entourent : elle entend seulement tirer les conséquences du fait qu'elle est incapable de continuer à vivre, sentant que des personnes ou des angoisses ou un sentiment de culpabilité ou une compulsion quelconque lui barrent définitivement le chemin, et qu'elle ne supporte plus la non-vie dans laquelle elle se trouve rejetée. Un jeune de dix-huit ans qui meurt d'anorexie mentale, de faim au bout de longs mois ne remet absolument pas en cause le droit de chaque être à la vie, que ce soit celui du lièvre ou de l'éléphant ; mais un terrible sentiment de culpabilité l'empêche de croire qu'un être comme lui peut vivre. Le plus souvent, ce qui caractérise justement la psychologie du suicide, ce

candidat au suicide ; celui-ci ressent le plus souvent son existence comme un poids insupportable pour les autres. NIETZSCHE en a donné la définition la plus ardente : « L'accomplisseur meurt de *sa* mort, victorieux, entouré de ceux qui espèrent et qui promettent » ; « Que votre mort ne soit pas un blasphème sur l'homme et la terre, ô mes amis : telle est la grâce que j'implore du miel de votre âme » (« De la mort volontaire », *Ainsi parlait Zarathoustra*, trad. H. Albert, Mercure de France, 1930, p. 97-100).

5. J. W. GOETHE, *Faust*, I, première scène dans le cabinet d'étude, v. 1338-1344, où Méphistophélès se présente avec les paroles célèbres : « Je suis l'esprit qui toujours nie / À bon droit, car enfin, ce qui va se créant / ne mérite à coup sûr que d'aller au néant. / Vaudrait-il pas mieux ne rien faire, / Qu'il n'y eût point création ? / Ce que vous appelez péché, destruction, / en bref, le mal, voilà tout juste mon affaire » (trad. J. Malaplate, Paris, Flammarion, 1984, p. 66-67). Cependant, quand Faust reconnaît son embarras (« Le Dieu qui réside en mon sein, / qui sur mes forces a puissance, / peut agiter mon âme avec toute licence, / Mais au dehors il ne peut rien ; / Et l'existence m'est une charge infinie / et j'aspire à la mort, et j'abhorre la vie »), Méphistophélès lui réplique : « La mort est rarement un hôte bienvenu » (p. 75).

n'est pas le fait que la décision intervient après un vaste tour d'horizon de la situation ni l'aspect inéluctable de la décision, mais bien l'extraordinaire rétrécissement du champ de vision et l'analyse hâtive et superficielle de la situation. Si l'on veut comprendre la dynamique psychologique d'un suicide pour pouvoir juger moralement d'une action où interfèrent de façon si compliquée la structure de la personnalité et la vision de la vie, il faut presque toujours commencer par voir dans cet acte une décision soudaine survenant au terme d'une longue dépression, une pure réaction instantanée à une situation précise[6].

LE SUICIDE COMME MORT VAGALE
(relative au système neurovégétatif)
OU LE CONFLIT ENTRE LE ÇA ET LE MOI

Un événement de mon enfance m'est toujours resté en mémoire. C'était pendant un bombardement, en 1944, dans un abri d'urgence qu'on avait construit pour quelque deux cents personnes dans la déclivité d'un bois en pente. La détonation des bombes secouait notre toit trop fragile et déclenchait terreur et panique. Or voici qu'au cours d'un de ces bombardements, alors que tout le monde criait et pleurait, on vit dans l'abri une femme sombrer dans un sommeil profond. Des nerfs solides et enviables, apparemment ! La

6. A. ALVAREZ résume fort justement le problème : « Les sociologues et les psychologues qui définissent le suicide comme une maladie ne me plongent aujourd'hui pas moins dans l'étonnement que les catholiques ou les musulmans qui le déclarent péché mortel. Je pense que le suicide échappe aussi bien au calcul qu'à la loi morale. C'est une réaction terrible, mais parfaitement naturelle, à une situation forcée de tension et de pression, donc non naturelle, mais dans laquelle on s'est parfois laissé enfermer » (*Der grausame Gott, Eine Studie über den Selbstmord*, Hambourg, 1974, p. 288-289). Bien sûr, reste à se demander quand et pourquoi on s'est trouvé dans cette situation, autrement dit pourquoi on éprouve cette situation comme forcée. On ne peut que donner raison à P. KRAUS quand il dit : « Celui qui, dans sa longue vie de psychiatre, a — à son grand regret — été témoin de suicides réussis sait mieux que tous les théoriciens combien peu nombreux sont ceux qui résultent d'une décision vraiment libre. C'est avec un sentiment d'infinie distance et de refus intérieur qu'il entend porter des jugements théologiques du genre : illégitime agression luciférienne contre la majesté toute-puissante de Dieu, péché luciférien, prétention à disposer souverainement et sans limite de soi-même » (p. 79).

vérité, que personne ne pouvait appréhender à ce moment-là, était totalement différente : cette femme considérait encore plus que les autres la situation de l'abri comme *désespérée* ; et elle réagissait par un mécanisme létal[7] que la nature, dans sa miséricorde, a inclus dans l'héritage de l'évolution pour les situations d'échec total. Pour des raisons liées à sa vie personnelle, cette femme s'écartait du jugement des autres et acceptait que la situation dans l'abri fût sans issue, ce qui, par une réaction psychosomatique, déclenchait une prépondérance vagotonique susceptible de la conduire finalement à ce qu'on appelle la mort vagale. De façon analogue, la jeune gazelle incapable d'échapper au guépard qui la poursuit succombe d'un coup au cœur avant même que le fauve lui ait porté le moindre coup de griffes. De même, la seule vue du chat fait mourir sur le coup des souris abritées dans un bocal de verre et des rats jetés dans une bassine d'eau dont ils sont incapables de s'échapper[8].

LE DÉSESPOIR SUBJECTIF :
QUAND ON DONNE UN CARACTÈRE INFINI AU FINI

Pour comprendre le problème de nombre de suicides, il est important de montrer comment la tendance suicidaire constitue une réaction vagale à une situation désespérée. À partir du moment où cette situation apparaît définitivement sans issue possible, il se produit une réaction létale qui commence à se manifester par toutes sortes de sentiments de dépression et de symptômes psychologiques : apathie, fatigue, ralentissement des réactions, hypotonie, tachycardie, pensées sombres, recherche de tranquillité sous toutes ses formes, y compris la mort. La théorie freudienne de l'aspiration au retour à l'inorganique constitue certainement la meilleure formulation de cette impression de désespoir total[9].

---

7. R. BILZ décrit « le chemin vers le néant physiologique » comme une issue au désespoir de l'échec (« Von den Schmerzen der Tiere », *Paläoanthropologie, Der neue Mensch in der Sicht einer Verhaltensforschung*, Francfort, 1971, p. 391).

8. R. BILZ (p. 390-391) raconte les expériences d'un physiologue américain sur des rats qu'il livrait ainsi à la mort vagale.

9. R. BILZ dans *Psychotische Umwelt. Versuch einer biologisch orientierte Psychopathologie* (Stuttgart, 1981, p. 157) décrit la prédominance

Mais même si la réaction du vague se présente sous la forme d'une prise de position touchant la *totalité* de la vie, objectivement, elle n'a pas cette dimension. De façon paradoxale, le caractère totalitaire du vécu vagotonal se traduit le plus souvent par le rétrécissement de la conscience du fait d'angoisses de tous genres. Celui qui se trouve poussé à se détruire définitivement est, moins que quiconque, capable de prendre en considération la totalité de l'existence. Et le problème proprement psychologique du suicide consiste à savoir s'il est effectivement possible de restreindre sa capacité de perception au point que le monde entier apparaisse ainsi sans espoir. Un jugement moral sur le suicide qui prétendrait clore le débat en mettant au départ sur le même plan un acte considéré objectivement comme un fait : la négation de l'existence dans son ensemble, et le but que le candidat au suicide a pensé et voulu subjectivement, ne pourrait que s'exposer au reproche de précipitation, de simplification et d'« abstraction », par rapport à réalité à juger.

Effectivement, l'investigation psychanalytique du problème a montré l'impossibilité d'éclairer par des circonstances existentielles et objectives le rétrécissement du champ de vision et la façon de considérer comme irrémédiables des difficultés en réalité limitées. Ce rétrécissement présuppose une structure du moi et une façon de traiter les conflits dont la psychodynamique et la psychogénétique ont établi certaines lois destructrices.

Déjà, dans *Deuil et mélancolie* (1916), Freud avait montré que le suicide était l'équivalent d'une tentative de meurtre sur un parent qu'on aurait intériorisé dans le moi et envers lequel on éprouverait un sentiment ambivalent d'amour et de haine[10]. Dans le moi, l'agression porterait en

---

vagale de la dépression en parlant de « signes de sommeil hivernal ». En ce qui concerne la doctrine de Freud touchant le retour à l'inorganique, voir *SB*, II, p. 179-181. C'est à juste titre que A. JANOV déclare : « « La tentation de suicide survient, selon moi, quand tous les moyens par lesquels l'individu a essayé de supprimer la souffrance se sont avérés vains. Quand la névrose ne suffit pas à apaiser la souffrance, le malade peut être contraint d'avoir recours à des mesures plus radicales. Si paradoxal que cela puisse paraître, le suicide est le dernier recours de l'espoir pour le névrosé qui est déterminé à être irréel jusqu'au bout » (A. JANOV, *Le Cri primal*, Flammarion, 1978, p. 422).

10. *Deuil et mélancolie*, trad. J. Laplanche et J.-B. Pontalis, dans *Métapsychologie*, Paris, Gallimard, coll. « Idées », 1968, p. 147 s. Pour

réalité sur cet autre, mais un autre avec lequel on s'est si étroitement confondu qu'on ne peut plus, ou qu'on croit ne plus pouvoir vivre sans lui. C'est ainsi qu'on se détruirait à la place de l'autre. C'est pourquoi Freud parlait d'une régression au narcissisme primaire qui fait, en quelque sorte, considérer l'autre comme une partie de soi. La perspective d'écarter l'autre de son chemin, de le punir ou même de se venger de lui est encore si forte qu'on en perd vraiment le contrôle de la réalité et qu'on finit par considérer comme sans importance le fait de périr soi-même dans ce combat. La relation à l'objet continue toujours à fournir la base du sentiment de sa valeur et du respect de soi, et c'est avec passion qu'on lutte contre l'autre — comme on lutterait contre une instance dont on se refuse à admettre le jugement — bien qu'on se sente finalement totalement lié à lui. Psychodynamiquement, on trouve donc presque toujours derrière le suicide vagotonal un combat, comme si le désespéré pouvait forcer l'autre à le reconnaître et à lui permettre ainsi de vivre.

la critique de cette position, voir P. R. WELLHÖFER, *Selbstmord und Selbstmordversuch. Ergebnis, Theorien und Möglichkeiten der Prophylaxe*, Stuttgart, 1981, p. 46-49. Voir aussi G. AMMON, *Handbuch der dynamischen Psychiatrie*, « Psychodynamik des Suizidgeschehens », t. I, p. 778. En ce qui concerne le narcissisme du suicide, H. HENSELER pense que celui qui se tue anticipe l'effondrement du système narcissique en « sauvant son sentiment de soi, mais en renonçant à son identité, ce qui revient à une régression à l'harmonie de l'état primaire. Parmi les fantasmes sous-jacents à cette façon d'agir, il y a ceux de repos, de délivrance, de fusion, de chaleur, de protection, de triomphe, de bonheur. Le passage à l'acte est lié à l'idée qu'il est possible de passer outre le danger de la catastrophe narcissique, qui consisterait à être totalement abandonné et livré » (*Narziβtische Krisen. Zur Psychodynamik des Selbstmordes*, Hambourg, 1974, p. 84). Ce qui caractérise la personnalité du suicidaire, c'est le manque de confiance en soi, les sentiments d'un danger menaçant, d'abandon et d'impuissance, l'idéalisation de sa propre personne et de l'entourage susceptibles de redonner confiance, la régression à l'harmonie de l'état originel par rupture du mécanisme de protection, tout comme la conservation du sentiment de soi au prix de la destruction de l'individualité mais au profit d'une fusion avec l'objet primaire tel qu'on l'éprouve confusément (voir K. P. JÖRNS, p. 42-43). H. KOHUT parle de la colère narcissique qui serait à l'origine de nombre de suicides. Ce n'est pas le sentiment de culpabilité, « mais un sentiment de vide intérieur insupportable et de froideur existentielle, ou de honte intensive » qui pousse à la mort (*Die Zukunft der Psychoanalyse. Aussätze zu allgemeine Themen und zur Psychologie des Selbst*, Francfort, 1979, p. 222-223).

Prenons par exemple, le cas d'une femme[11], qui, face à ses parents, s'est toujours imaginée dans le rôle d'Hamlet. Elle haïssait sa mère depuis son enfance, parce que, dans son travail ménager, elle n'avait jamais réussi à atteindre son niveau d'organisation, d'adresse, de propreté, ni ses qualités de maîtresse de maison. Pour cette mère, dont le mariage était de pure convention sociale et qui avait été forcée de partir pour l'étranger, la vie se résumait à maintenir la façade. Lorsque la fillette commença à fréquenter l'école, elle prit conscience de la froideur, du manque d'amour et du caractère totalement superficiel de cette sorte d'existence et elle en fut très affectée. Elle chercha alors désespérément à conquérir la faveur de son père en essayant de s'imposer par son intelligence et ses succès scolaires. Elle transposa également très vite la haine contre sa mère en haine contre son propre rôle féminin. Cette forme de refus de soi fut encore renforcée par l'attitude de son père et celle de son entourage qui montraient bien qu'on tenait les femmes pour des êtres inférieurs. À l'adolescence, elle devint d'une singulière beauté et était très attachée à son père. Celui-ci ne crut pouvoir se défendre de ses propres tendances incestueuses que par des mauvais traitements touchant au sadisme. Ainsi la jeune fille éprouva très tôt un sentiment d'échec à la fois dans un domaine où, comme femme, elle aurait dû l'emporter, et dans un autre où ses fantasmes d'idéal masculin lui avait fait souhaiter réussir. En échange de cette vie étriquée aussi bien intérieurement qu'extérieurement, son père n'en exigeait pas moins de la voir jouer socialement le rôle de la « femme à montrer », celui d'une fille au maquillage tapageur capable de provoquer infailliblement l'attention dans tous les foyers de théâtre ; exigence qui ne fit qu'ébranler un peu plus encore le sentiment de sa valeur qu'aurait dû éprouver une fille de dix-sept à vingt ans. Prisonnière de ce rôle en raison des liens étroits qui la liaient à son père, elle découvrait qu'elle n'était qu'un simple faire-valoir de son orgueil et la victime de sa satisfaction narcissique, sans en tirer aucun avantage person-

11. Un seul exemple devrait ici suffire à montrer avec suffisamment de clarté les traits typiques de la genèse, de l'entrée en conflit et du travail psychique du suicidaire. La discrétion nous oblige toutefois à rester dans une certaine généralité ou à modifier certains détails.

nel. Quoi d'étonnant alors si, enfant unique ballottée d'internat en internat à travers l'Europe, elle s'était mise à rêver
d'autant plus intensément d'un homme qui viendrait délivrer
et épouser la princesse ensorcelée qu'elle était ? Elle crut trouver une réelle réponse à son attente en la personne d'un jeune
étudiant étranger. Mais il lui fallut alors se rendre à l'évidence : le *caballero* la laissa proprement tomber en l'aban-
donnant dans une situation précaire. Ce fut aussi à cette
époque qu'elle perdit toute possibilité d'avoir des enfants.
Elle n'en chercha que plus à endosser le rôle de mère sacri-
fiée en se hâtant d'épouser un homme qui avait la même
situation que son père. Mais ses constants problèmes de
transfert amenaient sans cesse au bord de la crise un foyer
de plus en plus semblable à celui de ses propres parents.
Consacrant toutes ses forces aux deux enfants de son mari[12],
elle chercha à leur donner toute l'affection dont, petite, elle
avait été tellement privée ; mais, au fond, elle attendait avant
tout de cette attitude la confirmation du sentiment de sa
valeur, si profondément atteint. À ses yeux, ces enfants
tenaient lieu de jeunesse, d'amour conjugal et de considération sociale, tout en lui fournissant aussi une dernière et
suprême occasion de se prouver qu'elle était bien une femme
aux yeux de sa mère. Ces exigences narcissiques furent acca-
blantes pour les enfants, et ils le firent bien sentir : énuré-
sie, bégaiement, difficultés multiples qui la firent de nouveau
paniquer. Mais le conflit prit un tour dramatique quand elle
dut faire face malgré elle à un surplus de tâches ménagères.
Son mari gagnait fort bien sa vie, mais désireux de rehaus-
ser le standing de sa famille, il se mit dans la tête d'améliorer son train de vie. Affolement de son épouse à la pensée
qu'elle ne serait pas à la hauteur de ses responsabilités sociales, et début de crise, mortelle.

La genèse de ce cas nous révèle déjà les principales com-
posantes dont le développement pourra conduire au suicide.
Au départ, le blocage catastrophique de la relation mère-

12. G. SHEEHY décrit fort bien ce comportement en parlant de « fuite
dans le mariage », et d'« enfant complément du moi » (*Der Mitte des
Lebens. Die Bewältigung vorsehbarer Krisen*, Francfort, 1978, p. 68-73 ;
trad. de l'anglais : *Passages — Predictable Crises of Adult Life*, New
York, 1974). Dans le cas présent, cette fuite se heurte également, *a priori*,
à quantité d'obstacles.

enfant, avec toutes ses conséquences : incapacité personnelle de percevoir sa limite, identité mal assurée entraînant un « déficit narcissique, au sens d'une lésion directe de la structure du moi[13] ». Ce « trou dans le moi[14] » conduit par compensation à une « façade du comme si[15] » derrière laquelle se cachent des peurs archaïques, des violences agressives destructrices ainsi qu'une inaltérable symbiose avec les parents intériorisés très tôt. L'impression première : « Je dois être comme maman pour pouvoir vivre » céda très vite la place à un : « Je ne pourrai jamais être comme maman », et la haine dirigée contre soi-même aussi bien que contre la mère l'amena à souhaiter être comme le père, tel qu'il apparaissait dans un fantasme antithétique. Mais l'identification au père ne pouvait que déboucher sur une identification faussée avec soi-même ; et au terme de dizaines d'années d'échecs dans la tentative de s'appuyer sur son père, lorsque la patiente en revient à l'idéal de la bonne mère, elle ne put le faire qu'en s'assurant de façon fragile et purement négative qu'elle sera différente de sa mère. Cette femme arriva dès le départ en psychothérapie avec le désir d'être reconnue et aimée du thérapeute comme elle aurait voulu l'être de son père[16]. Dans

---

13. Voir G. AMMON, « Psychodynamik des Suizidgeschehens », p. 779. Cet auteur adhère à l'idée freudienne d'angoisse de castration et comprend le souhait de mourir comme une régression au mode de vie prénatal (« Tod und Identität », *ibid.*, p. 753).

14. *Ibid.*, p. 779.

15. *Ibid.* Voir l'exposé de K. P. JÖRNS, *Nicht leben und nicht sterben können*, p. 45-49.

16. Concernant le traitement psychothérapeutique, H. KOHUT rappelle fort justement qu'il ne faut pas prendre de façon pédante les indications de Freud concernant le caractère scientifiquement objectif du processus analytique : elles n'étaient sans doute que l'effet des premières expériences avec des névrosés structurels. Mais, par la suite, on peut observer une orientation progressive de la pathologie en direction des « troubles narcissiques de la personnalité ». « Si l'analyste échoue à saisir et à définir correctement l'essence de la psychopathologie de la personne analysée, mais qu'il n'en continue pas moins obstinément à se comporter vis-à-vis d'une personne atteinte de troubles narcissiques de la personnalité avec une réserve prudente et en gardant exagérément le silence, il provoque de nouveaux dommages » (*Die Heilung des Selbst*, trad. de l'anglais, Francfort, 1979, p. 259). Voir E. DREWERMANN, « Die Konfrontationstechnik », dans *Psychoanalyse und Moraltheologie*, II, Mayence, Éd. Matthias-Grünewald, 1983, p. 226-290. L'art du traitement consiste toujours à favoriser la part narcissique du transfert assez longtemps pour qu'elle puisse faire place à une estimation réaliste de soi et à un amour objectal.

son effort pour briller par son intelligence et sa culture, elle se mit à lire les livres posés sur la table de travail de son thérapeute, cherchant à entrer dans son monde de pensée. Bref, elle fit tout pour se rendre intellectuellement « digne » de s'entretenir avec lui. En raison de sa grande capacité d'introspection et de la vivacité de son intelligence, elle réussit effectivement en deux ans à retrouver le sentiment de sa valeur et à accorder de nouveau une certaine confiance à la justesse de ses pensées et de ses sentiments. En particulier le fait de pouvoir mieux se faire comprendre de son mari lui permit peu à peu de repartir sur une base affective plus harmonieuse. Mais quel chemin à parcourir encore, pour percer totalement à jour le personnage, surdiscipliné, fier, « raisonnable », tout en façade ! C'est alors que la catastrophe se produisit brusquement.

Le point de départ en fut apparemment anodin : une opération relativement bénigne, pour soulager certaines douleurs chroniques. Physiquement affaiblie, cette femme dut faire appel à sa mère pour s'occuper pendant une semaine des enfants. Et voici qu'elle, qui s'était toujours crue meilleure mère que la sienne, dut constater que les enfants aimaient aussi leur « mamie ». La maison fut menée de main de maître et son mari s'entendit apparemment très bien avec sa belle-mère. Alors naquit la terrible conviction qu'elle était superflue, gênante, incapable, inutile, mauvaise. À ce moment décisif, elle n'osa pas consulter son thérapeute pour ne pas le décevoir par cette rechute et risquer de passer pour « trop bête ». Paniquée à l'idée de n'être pas une bonne partenaire pour son mari, une bonne mère pour ses enfants, elle finit par lui faire une visite de routine, mais en dissimulant sa détresse sous des propos hésitants et en sachant si bien garder sa contenance qu'une amie ne découvrit que trop tard, le soir, la profondeur de son désespoir. Le lendemain matin, on la trouva pendue dans sa chambre. Elle avait accompli cet effort désespéré afin de ne plus barrer la route à personne, ou, en d'autres termes, afin de ne pas avoir à se débarrasser définitivement de sa mère. Elle avait tout essayé : d'abord, de se tourner vers elle ; puis, ayant échoué, de gagner l'amour de son père ; puis, par réaction contre ses deux parents, d'atteindre une image idéale, mais purement rêvée, d'elle-même. De son point de vue, tout avait raté. Et voilà que, contre toute attente, sans l'avoir cherché et sans s'en rendre compte, sa mère se retrouvait sur sa route, lui fermant ainsi sa dernière porte de sortie sur la vie. Le phénomène qui avait tout déclenché avait été la venue de celle-ci pour l'aider quelques jours. Ce fut terrible[17].

D'un point de vue psychothérapeutique, ce cas montre combien il est dur pour la plupart des suicidaires d'accepter l'identification narcissique comme une base de travail, et de savoir la relativiser avec suffisamment de distance. Il est indispensable de créer un climat d'acceptation qui conduise à une délimitation de soi plus précise, à se défaire de ses surcompensations et à finir par s'identifier positivement avec soi. Mais il est souvent presque impossible de prévoir à temps certaines réactions de déception et de blessures narcissiques. Au moment décisif, le suicidaire voit soudain en ceux qui l'entourent, et qui sont le plus souvent disponibles et prêts à l'aider, des personnes qu'il doit protéger et délivrer de son insignifiante personne[18], au point que leur présence, telle-

17. K. MENNINGER note justement : « Être tué est la dernière forme de *soumission*, tout comme tuer est la forme extrême de l'agression » (*Selbstzerstörung*, trad. de l'anglais, Francfort, 1974, p. 65). Selon lui, le suicide suppose la convergence de trois raisons : « Il s'agit là : a) d'une impulsion qui naît de l'agressivité primaire et qui se cristallise en souhait de mort ; b) d'une impulsion qui surgit d'une modification de l'agressivité primitive, autrement dit de la conscience qui se cristallise en désir d'être tué, et c) du fait qu'une partie de l'agressivité primaire dirigée contre soi — le souhait de mourir — est liée à des motifs civilisés » (p. 99). C'est exactement ainsi que la patiente se soumit en définitive à la mère qu'elle avait toute sa vie voulu écarter pour pouvoir vivre, cela parce que ses sentiments originels extrêmement agressifs provoquèrent en elle des sentiments de culpabilité à la fois violents et paralysants, en même temps que de l'autoaccusation.

18. C'est aussi assez souvent objectivement le cas. H. POHLMEIER décrit la peur et la détresse avec laquelle l'entourage réagit devant un suicidaire. La possibilité d'un suicide déclenche les sentiments les plus divers : une exigence impossible à satisfaire à moins d'être tout-puissant ; une menace pesant sur le principe suivant lequel on doit vivre jusqu'au bout, l'impression d'être coupable de n'avoir pas empêché le suicide ; une agressivité provoquée par l'aspect agressif des fantasmes de suicide ; une angoisse mortelle devant l'absurdité de sa propre vie ; on est terrifié à l'idée du blâme public qui ne peut manquer de survenir ; on ressent (quelquefois à juste titre) le suicide comme un reproche ; on a soudain peur du danger d'y recourir soi-même (« Die Angst vor Sucht-und Suizidpatienten », dans R. RINGEL (éd.), *Sucht und Suizid*, Fribourg, 1976, p. 56 s.). Voir K. P. JÖRNS, *Nicht leben und nicht sterben können*, p. 113-114. U. Schiller montre que le suicidaire obtient certes un regain d'affection

ment souhaitée d'ordinaire, constitue le plus grand danger, à l'instant même où elle serait la plus nécessaire. Une difficulté, apparemment bénigne aux yeux du spectateur, prend soudain un caractère insurmontable au point de symboliser toute la misère du monde, et l'« obstacle » semble infranchissable au moment où la personne voit sa propre valeur réduite à zéro. Survient alors un sentiment de fatigue devant la vie, de vanité des efforts, de déception sans fond devant soi-même, d'effondrement moral. Le suicide apparaît finalement comme une solution retardée depuis longtemps. Il peut aussi arriver que, sous le coup de la colère et de la révolte, le suicidaire vive sa tendance à se tuer comme un appel, un reproche ou une vengeance à l'égard de la personne qui lui a empoisonné la vie[19]. Mais plus les phénomènes dépressifs s'accumulent et se prolongent, au point de devenir chroniques, moins le suicidaire paraît comprendre son propre état. C'est comme si, devant un papillon de nuit, on avait éteint toutes les lumières pour ne plus laisser briller que le feu dans la cheminée ; le suicidaire perd la tête, comme magiquement entraîné à la recherche de sa liberté[20].

mais suscite aussi de l'aversion et du dégoût. « Il provoque dans son entourage un comportement qui finit par renforcer ses déclarations d'intention. À la longue, ce sont surtout les effets négatifs des déclarations du suicidaire qui restent, car le déprimé suicidaire se montre socialement inadapté » (U. SCHILLER, « Suizid und Depression », dans M. HAUTZINGER et N. HOFFMANN, *Depression und Umwelt*, Salzbourg, 1979, p. 212-213).

19. J. BAECHLER présente le cas d'une forme de suicide qui « vise à atteindre l'autre en le vouant à l'opprobre public » (p. 192). Il donne aussi des exemples où le suicide est une façon de faire appel à un jugement (p. 238-240). Voir aussi U. SCHILLER, p. 217-218 : « Les idées de fuite et d'évitement peuvent, dans des proportions fort diverses, viser quatre cibles que le suicidaire voudrait atteindre : il veut vivre, cependant non plus comme il le fait, mais dans des conditions plus agréables, avec la reconnaissance et l'affection de son entourage social. Il voudrait ne plus souffrir. Il voudrait se venger du manque de soutien ou des réactions d'aversion de son entourage, et il voudrait ne plus être à charge de personne. »

20. Voir en particulier E. RINGEL, *Der Selbstmord. Abschluß einer krankhaften psychischen Entwicklung*, Vienne-Düsseldorf, 1953. Sous le terme de « syndrome présuicidaire », il a montré le caractère de logique interne et l'aspect inévitable du suicide, avec ses trois domaines symptomatiques : a) le *rétrécissement* dû au refoulement névrotique ; devant la *situation* qui s'est créée, le suicidaire a l'impression d'une impasse totale ; au niveau *dynamique*, un sentiment de détresse, une déformation de la

On en arrive donc à voir dans la réaction suicidaire vagale une façon de donner un caractère définitif à une difficulté de vivre provisoire. Mais cette vision des choses reste celle d'un observateur purement extérieur. Pour celui qui vit cette situation, la difficulté est absolue, et celui qui se donne la mort s'en remet, pour ainsi dire, à la miséricorde de la nature

perception et un resserrement du champ de vision ; au niveau des *relations sociales*, une impression de solitude très grande (souvent en dépit d'un grand nombre de contacts très superficiels) ; enfin, en matière de *valeurs*, il y a destruction du sentiment de sa propre valeur et vision nihiliste de l'existence ; b) l'*agression* : elle va croissant, mais ne peut se décharger vers l'extérieur du fait de la censure du surmoi, des blessures psychiques, du manque de contact social et des conditions de notre civilisation ; c) *les fantasmes de suicides* : au départ, ils semblent ne survenir que sur commande, mais prennent de plus en plus un caractère de contrainte et finissent par apparaître comme la seule manière possible de résoudre le conflit. Le même auteur a également résumé ainsi sa thèse sur le suicide des jeunes : « Le jeune qui est au bord du suicide est incertain, découragé. Il ne croit pas en lui-même, se sent de trop, inutile, sans valeur. Il souffre d'un complexe d'infériorité [...] auquel s'ajoute l'impression qu'on ne le comprend pas, qu'on ne l'aime pas, qu'on ne tient pas compte de lui [...]. Il voudrait avoir confiance, croire et aimer. Il faudrait accomplir des exploits pour l'arracher à cette tendance originelle [...]. C'est ce que provoquent les parents [...] quand ils l'amènent sur le terrain de leurs propres combats, quand ils jouent de leur pouvoir au nom d'une notion de l'autorité s'appuyant plus sur leur supériorité que sur l'exemple de leur amour. [...] On peut ainsi démoraliser au point d'étouffer toute joie de vivre et bloquer l'entrée qui devrait être joyeuse dans la carrière de la vie ; ce qui conduit à une existence de plus en plus rétrécie, malheureuse [...]. La protection contre le suicide devient alors de plus en plus un problème d'éducation. Le plus grand danger réside en ce que le jeune homme n'est pas reconnu comme personnalité indépendante, qu'il se sent manipulé, rabaissé au rôle d'instrument, et qu'il en est profondément déçu » (E. RINGEL, « Warum nehmen sich junge Menschen das Leben ? », dans Ch. SCHAEFERS (éd.), *Notausgänge. Berichte, Protokolle, Analysen*, Hanovre, 1980, p. 92-100, spéc. p. 92-93). C'est ce que nous pouvons vérifier point par point dans le cas que nous avons analysé. En ce qui concerne la notion de syndrome présuicidaire, introduite par E. RINGEL, nous constatons qu'elle recouvre en gros la théorie psychanalytique, mais sans s'appuyer suffisamment sur des méthodes exactes, autrement dit sur celles des sciences de la nature : voir P. R. WELLHÖFER, *Selbstmord und Selbstmordversuch*, Stuttgart, 1981, p. 78. En ce qui concerne la critique des théories psychanalytiques de la dépression, voir M. HAUTZINGER, « Depressive Reaktionen aus psychologischer Sicht », dans M. HAUTZINGER et N. HOFFMANN (éd.), *Depression und Umwelt*, Salzbourg, 1979, p. 74-80 : il ne fait finalement que montrer combien il est peu pertinent de vouloir transposer les notions psychanalytiques dans des tests de psychologie.

lorsqu'il « choisit » de chercher en arrière de lui une issue à une route qui n'en comporte plus en avant. Le monde n'est jamais plus étroit que lorsqu'il conduit à la mort, et celui qui pense pouvoir échapper à toutes les limitations de la vie en la niant absolument parce qu'il prend pour globale une réalité qui n'est que partielle, il n'est certainement pas en état de décider librement de son existence. Celui qui prétend juger moralement de la situation désespérée du suicidé en le déclarant « coupable » et « responsable » se heurtera constamment à cet imbroglio originel dans lequel celui-ci se débat sans résultat, comme un poisson pris au filet. Y a-t-il une meilleure preuve d'aliénation que de devenir soi-même la victime de son pacte ? Presque tous les suicidés ont été des personnes qui ne savaient pas vivre autrement que « en » d'autres. Ce genre de mort ne fait que déplacer la culpabilité ; c'est une rançon que l'on paie pour la vie que d'autres n'ont pas vécue. Le vampire a trouvé sa victime.

LA RÉALITÉ OBJECTIVE DE L'IMPASSE :
UNE ABSOLUTISATION DU RELATIF

De façon générale la théologie morale actuelle reconnaîtra sans hésiter son incompétence à prévenir les cas de suicide vagotonal consécutifs à l'absolutisation névrotique de difficultés à vivre, en soi relatives. Des exemples comme celui que nous venons de donner permettront aussi de voir le peu d'utilité des concepts lorsqu'il s'agit de juger en vérité d'événements psychiques. Ils ne font que traiter abstraitement des actes humains en se référant à des normes du bien et du mal qui ne peuvent rendre compte du caractère *tragique* et contradictoire du réel, et ne peuvent finalement que constater l'impuissance totale où se trouvent plongés les protagonistes engagés dans l'affaire. Dans des situations extrêmes, il est en définitive impossible de classer le comportement humain en fonction de l'alternative maladie (absence de liberté) ou faute (liberté). Les frontières sont imprécises, et liberté et non-liberté se mêlent toujours inextricablement.

Il existe cependant des cas qui ne sont absolument pas névrotiques. On ne peut alors parler d'un événement subjectif (névrotique) qui porterait vers l'absolu une situation finie et la refléterait par conséquent comme désespérée, mais d'une finitude objective de l'existence elle-même interprétée comme désespérée. Dans de tels cas, comment ne pas donner raison à cette objection de la théologie morale suivant laquelle l'existence, dans sa finitude, débouche effectivement sur le vide, à moins que la *foi* ne fasse éclater cette limite en ouvrant sur l'infini? Pour le croyant, le nuage se dissiperait, l'horizon s'élargirait. Pour l'incroyant cet horizon n'est qu'un bouchon de nuages, il borne le monde : il mesure ainsi à l'aune du fini une espérance humaine qui ne peut trouver d'accomplissement que dans l'infini, et se condamne d'avance au désespoir, lequel en est la conclusion logique. Si le péché se caractérise par le fait de se comporter de manière absolue envers le relatif, autrement dit de considérer le fini comme la seule réalité valable[21], on peut effectivement dire qu'il y a incroyance et péché lorsque quelqu'un achoppe sur l'apparente impasse du fini et, dans son désespoir, fuit dans le suicide. On peut tout à fait faire valoir quelques bons arguments en faveur de cette thèse.

Dans l'histoire de la philosophie, il y a toujours eu des penseurs soucieux de débarrasser l'homme de ses illusions sur la vie. Ils ont pour mérite d'avoir ébranlé la certitude superficielle des philistins concernant les problèmes essentiels de l'existence. Comment vivre, si on est pénétré des idées du Qohélet : « Car le sort de l'homme et le sort de la bête sont

---

21. Telle est la vieille définition du péché : l'homme se détourne de Dieu pour se retourner vers la créature : voir saint THOMAS D'AQUIN, *Somme théologique*, I a, q. 94, a 1. Ce fut le mérite de Sören KIERKEGAARD de montrer comment cette idée fausse est un raté de l'existence, un désespoir sur fond d'angoisse existentielle (*La Maladie à la mort*, dans *Œuvres complètes*, Paris, Éd. de l'Orante, 1971, t. XVI, p. 176-178). Sa présentation des choses, la seule qui permet de comprendre le jugement de Karl Barth sur le suicide, repose sur cette vision géniale du péché comme désespoir devant Dieu. Cela lui permettait d'admettre que les païens puissent considérer le suicide comme indifférent, mais non pas le chrétien (voir p. 204), ce qui suppose naturellement que le suicide procède toujours du désespoir. Nous aurons à constater par la suite que ce n'est pas toujours le cas. Par ailleurs on ne peut aujourd'hui admettre le point de vue de Kierkegaard qu'à condition de reprendre sa déduction des formes de désespoir à partir de la doctrine psychanalytique de la névrose et de systématiser théologiquement la notion d'angoisse ; voir *SB*, III, p. 460-497. C'est avant tout dans *Crainte et tremblement* que Kierkegaard cherche à décrire la foi comme « double mouvement de l'infini », comme « résignation infinie », et à en montrer la victoire (*SB*, III, p. 497-504).

identiques : comme meurt l'un, ainsi meurt l'autre [...]. Tout
vient de la poussière, tout s'en retourne à la poussière »
(Qo 3, 19-20) ? Si ces lignes nous livrent effectivement la
vérité sur notre sort, nous sommes prisonniers comme des
animaux dans une cage, ignorant même l'heure à laquelle le
bourreau viendra les abattre. Dans cette situation, il ne reste
d'autre attitude possible que la sombre grandeur d'Hégésias
le Cyrénéen[22] qui, quelque quatre cents ans avant Jésus-
Christ, essayait de persuader les gens de se suicider en masse,
avec des arguments tels que : la vie est bouchée, on ne naît
que pour mourir, et si on ne peut atteindre un certain niveau
de bien-être, pourquoi vivre ? L'hédonisme n'est jamais
qu'un pessimisme maquillé. Pourtant les hommes étant les
seuls êtres à reconnaître dans la finitude leur définition essentielle doivent bien s'y résoudre : « Il n'y a de bonheur pour
l'homme qu'à se réjouir de ses œuvres, cela seul lui appartient. Car qui donc l'emmènera voir ce qu'il y a après lui ? »
(Qo 3, 22). Mais si on doit même se passer de la joie, que
reste-t-il d'autre que la mort ?

L'objection que la morale chrétienne oppose à cette logique est fort juste : la foi permet de vaincre ce désespoir de
la finitude ; c'est une certitude. Elle ne saurait accepter de
réduire la vie à l'existence terrestre ou à l'une de ses formes
extérieures, ni de définir l'homme uniquement comme un élément d'un monde fini. Le suicide, expression d'un désespoir

22. H. DIELS, *Der antike Pessimismus*, Berlin, 1921, p. 24. En ce qui
concerne les idées des philosophes de l'Antiquité sur le suicide, voir
E. BERNEKER, « Selbstmord », dans K. ZIEGLER-W. SONTHEIMER (éd.),
Der kleine Pauly. Lexikon der Antike, 5 vol., Munich, 1975, vol. V,
p. 81-82. Les stoïciens reconnaissaient en particulier dans des souffrances écrasantes, dans une mutilation ou dans une maladie incurable des
motifs valables de suicide ; dans certains cas, ils reconnaissaient même
en celui-ci un devoir. Tandis que les cyniques plaidaient pour la liberté
de se tuer, les néoplatoniciens étaient contre par principe. Mais il faut
bien se rendre compte que le refus du suicide dans l'Antiquité reposait
en partie sur la conception magique suivant laquelle l'esprit du défunt
pouvait venir rendre visite à la communauté ; d'où le refus de lui donner une sépulture ou de lui dresser un monument funéraire : il fallait rompre toute relation avec le mort. La vision chrétienne du suicide ne paraît
pas non plus totalement libérée de toute idée de ce genre : on voit dans
la mort une disposition divine (Dt 32, 39 ; Rm 14, 7 s.), reprenant ainsi
certaines théories animistes, à moins que l'on ne considère la mort, même
sous sa forme physique, comme une conséquence du péché, si bien qu'il
faut alors l'admettre comme un châtiment et endurer la vie jusqu'au bout.

fondamental devant la limite de l'existence, est totalement inconciliable avec ce principe religieux. La morale chrétienne puise dans ce principe le droit et le devoir de déclarer que le suicide est un péché. Au nom de la foi, et même un péché mortel. Pour le croyant, la foi permet toujours de trouver une issue ; c'est là un point indiscutable.

Mais on retomberait dans l'abstraction si on se contentait tranquillement d'une telle déclaration en croyant qu'elle suffit à régler le problème, alors que ce n'est absolument pas le cas.

Comme elle est importante, cette espérance inébranlable de voir un jour s'élargir l'horizon étroit de l'existence humaine ! Car il faut effectivement admettre que la foi procure la force nécessaire pour opérer une transmutation fondamentale de l'existence. Mais le moraliste a trop souvent tort de penser qu'une décision portant sur la signification concrète d'une situation et sur l'espérance dont elle est porteuse concerne le sens de la vie tout entière. On pose toujours *a priori* qu'un chrétien croyant ne peut ni ne doit jamais considérer comme fini *aucun* horizon, du fait que, par principe, sa foi ouvre toute son existence à l'infini. Cette façon de voir les choses est cependant absurde, un peu comme si on disait que personne ne doit plus mourir du choléra parce que le choléra a été vaincu en laboratoire. Bien sûr, on a effectivement créé un vaccin, mais cette victoire acquise en principe n'a pas suffi à faire disparaître la réalité des épidémies en Inde du Sud ou au Bengale. On peut très bien croire que l'existence a un sens général et percevoir en même temps une situation précise comme totalement dénuée de sens ; et cela non pas du fait d'une déformation relevant subjectivement de la névrose, ainsi que nous l'avons précédemment illustré, mais bien parce que l'impression de perspective bouchée s'appuie sur une connaissance vraiment objective de la réalité.

Cette expérience peut se résumer à quatre sortes d'impasses auxquelles on aboutit toujours dès qu'on discute du problème du suicide vagotonal, car elles touchent de près au rétrécissement de l'existence, avec ses limites : le problème de la maladie et de la souffrance incurable ; le problème de l'âge et de l'infirmité — tous deux liés à une limite *naturelle* de la vie ; le problème de la torture ; le problème du suicide-bilan — tous deux liés au fait que l'homme impose artificiellement une frontière, de l'intérieur ou de l'extérieur, à la vie.

Le problème de la souffrance et de la maladie incurables:
euthanasie ou providence divine?

Dans la religion bouddhique, il existe un petit récit qui traite du suicide un peu comme en traite le christianisme : il pose la question de savoir si un homme, qui a admis en principe que l'existence avait une fin doit pour autant laisser sa douleur physique (ou psychique) l'emporter sur sa volonté de vivre. Pour le bouddhisme, la question n'est pas directement celle du désespoir ou de l'espérance. De façon plus pratique et plus concrète que le christianisme quand il parle de la foi, le bouddhisme demande à l'homme de ne jamais s'identifier à des choses, à des souhaits ou à des sentiments finis : « Cela n'est pas moi », rappelle-t-il constamment, marquant toujours la distance qui résulte de la réflexion négative sur son conscient transcendant. Il croit pouvoir attendre de celui qui s'est ainsi libéré de la dépendance des sens, de la prison de la finitude et du règne de la loi de la rétribution *(karma)* qu'il sache transcender toutes les formes de souffrance. Cependant cette foi est trompeuse, ainsi que le montre l'histoire suivante :

Comme le Sublime [le Bouddha] se trouvait un jour dans un bois de bambous, à Rajagaha, en un lieu où on nourrissait les écureuils, il y avait là les nobles Sariputta, Mahacunda et Channa sur la montagne des vautours. À cette époque, Channa était très malade. Le soir, Sariputta alla demander à Cunda de venir avec lui prendre des nouvelles de la santé de Channa. Ils y allèrent, s'assirent près de lui et s'informèrent. Channa répondit : « J'ai un mal insupportable qui ne cesse d'empirer. Je vais prendre un couteau ; je ne souhaite plus vivre. » Sariputta répondit : « Le noble Channa ne doit pas prendre de couteau, il doit rester en vie ! Je souhaite que le noble Channa continue à vivre. Si le noble Channa manque d'argent ou de médecine pour se soigner, je lui en procurerai. Le noble Channa ne doit pas prendre de couteau. Il doit rester en vie. C'est ce que je souhaite. » « Cher Sariputta, lui répondit Channa, je ne manque ni d'argent ni de médecine pour me soigner, et j'ai un infirmier qui s'occupe de moi. Je marche aussi depuis longtemps à la suite du maître, et cela volontiers, sans le contredire. Cela convient à un jeune, de suivre volontiers le maître. Si je veux maintenant prendre un couteau, il n'y a pas à m'en blâmer... » Sariputta demanda alors à Channa quelle idée il se faisait de ses perceptions et de ses pensées. Or sa vision des choses était entièrement conforme à la doctrine bouddhiste : « Ceci n'est pas à moi, je ne suis pas cela, ce n'est pas mon moi » ; il continuait à penser que les idées, les sensations et les sentiments sont transitoires et ne sauraient constituer le véritable moi. Mais il était en même temps si plongé dans ses souffrances que jamais Sariputta ne réussit à lui faire voir qu'il s'emprisonnait lui-même car sa souffrance le rendait dépendant des choses périssables du monde. Or Channa ne se sentait pas du tout victime de ses propres appétits. Tout de suite après le départ de Mahacunda et de Sariputta, il s'ouvrit les veines. Sur ce, Sariputta interrogea le Sublime sur le sort futur de Channa. « Channa ne t'at-il pas dit qu'il ne fallait pas le blâmer », rétorqua celui-ci. « Mais, répliqua Sariputta, dans le village de Pubbajira, au pays des Vajji, il y a des familles très liées à Channa qui le blâment. » Alors le Sublime lui répondit par cette maxime digne de réflexion : « C'est possible... Mais je ne dis pas qu'il faille le blâmer pour autant. Si quelqu'un qui se défait de son corps présent obtient un autre corps, je dis qu'il est à blâmer. Mais ce n'est pas le cas pour le *bhikku* [le moine] Channa. Il n'y a pas à le blâmer d'avoir pris le couteau[23]. »

Cette parole du Bouddha dans ce passage du canon pali a la même valeur que la Halaka en Israël, au temps de Jésus ; elle constitue une tradition orale qui fait jurisprudence, de la plus haute autorité. Il est donc permis, pour le bouddhiste, de mettre fin à sa vie si le motif qu'on allègue pour cela n'a pas de liens avec les sens et le monde fini[24]. C'est au fond aussi ce que demande la théologie morale chrétienne : on ne doit pas et on ne peut pas réduire l'existence humaine à la finitude. Le Bouddha quant à lui était assez réaliste pour reconnaître qu'il existe des souffrances que ni l'autodiscipline ni la méditation ne permettent de surmonter. Il ne prétendait pas non plus, comme l'auraient dit maints fanatiques parmi ses disciples, que l'on devait accepter la souffrance pour se purifier des péchés commis dans des vies passées ;

---

23. K. SCHMIDT, *Buddhas Reden*, Hambourg, 1961, p. 312-314 (Majhimanikaya, XV, 144).
24. J. BAECHLER renvoie du reste à la pratique du « suicide de passage » dans le bouddhisme : « Pour ceux qui sont arrivés à se former une conscience nette de l'irréalité du monde, du corps et de sa sensibilité, le suicide n'est rien d'autre que le rejet indifférent d'une peau morte ou la dissipation d'un songe » (p. 567). De telles personnes n'ont plus à proprement parler aucune raison de se tuer ; elles sont d'une certaine façon au-delà de l'alternative de l'être ou du non-être.

bien plus, il demandait même que les proches ou les amis de
Channa fassent montre de compréhension pour le comportement du moine si accablé, au lieu de se lamenter sur son
suicide, car eux-mêmes pourraient se trouver dans une situation similaire.

On peut aujourd'hui soutenir le point de vue du Bouddha
avec des arguments empruntés à l'éthologie, et même à la
physiologie. Les chercheurs qui étudient la souffrance savent
bien que l'organisme dispose d'un système propre permettant de rendre la souffrance physique supportable, grâce à
de l'endorphine[25] ; si cela ne suffit pas, c'est toute la perception qui peut se déconnecter. Mais cette perte de conscience due à une trop grande souffrance n'est pas de longue
durée, car aucun être humain ne peut se permettre de vivre
longtemps sans perception. Au réveil, la question se pose
alors de savoir comment résoudre ce conflit entre la volonté
de vivre et le désir de mourir pour mettre fin à la souffrance.
En soi, la souffrance biologiquement est utile ; elle a pour
but de signaler les seuils de dommage de l'organisme et, par
ce signal d'alarme, de provoquer les réactions de défense
correspondantes[26]. Quand cependant ces réactions deviennent inefficaces, la douleur devient littéralement insensée ;
et non seulement elle devient insupportable mais elle obli-
tère tout le reste alors qu'elle aurait dû n'être qu'un moyen.

25. E. R. KOCH, « Schmerz : Wenn der Körper Alarm schlägt », *Bild
der Wissenschaft*, mars 1978, p. 92-100 : « Les voies nerveuses qui véhi-
culent la douleur dans la moelle épinière sont inhibées à partir du cortex et du tronc cérébral, la sérotonine jouant ici un rôle capital. Dans le
système nerveux périphérique, la sérotonine stimule les récepteurs de la
douleur, mais dans les neurones de la moelle épinière, elle agit comme
un inhibiteur de la douleur. Depuis 1973, on connaît l'existence de différents opioïdes endogènes qui bloquent certains récepteurs de la douleur et sont situés dans certaines cellules réceptrices. La béta-lipotropine,
molécule d'origine hypophysaire composée de quatre-vingt-onze acides
aminés, peut provoquer l'éclatement des trente et un plus petits éléments
d'albumine. Injectée dans le cerveau, la béta-endorphine ainsi formée est,
malgré sa dégradation dans le sang, cinquante fois plus puissante que la
morphine. Il est probable que l'acupuncture utilise artificiellement cette
production de substances antalgiques par l'organisme lui-même.
26. Tandis que la douleur « aiguë » traverse le thalamus à la vitesse
de trente mètres à la seconde pour atteindre le cerveau où elle induit une
réponse génératrice de souffrance, la douleur « sourde » n'arrive qu'à
la vitesse de deux mètres à la seconde, jusqu'au système limbique où se
détermine sa signification émotionnelle, sa « qualité de souffrance ».

Quand on atteint ce seuil de souffrance, c'est la perception même de la vie qui s'en trouve fondamentalement faussée. La sensation de douleur avait pour but d'avertir l'organisme du danger et donc de le protéger contre une souffrance plus grande encore ; elle était par conséquent à l'origine d'un relatif sentiment de soulagement ; mais si elle est dévoyée par sa violence même au point s'anéantir en elle toutes les autres sensations et s'il n'y a plus aucune perspective d'amélioration, que faire alors, sinon reconnaître que le sens de la vie ne saurait consister à admettre comme définitif ce retournement de la sensation de douleur de moyen en terme. Quand quelqu'un a cessé d'exister comme sujet de sa vie, quand il ne peut plus se considérer que comme l'objet et la victime d'une souffrance inguérissable, il devrait avoir le droit, en tant qu'homme libre, de chercher la grâce d'une issue que la nature tient à sa disposition dans une situation semblable : la mort.

On doit faire valoir la même chose en ce qui concerne la *maladie* incurable. Si on admet que quelqu'un a atteint tous les buts qu'il s'était fixés, qu'il n'a plus de responsabilités, plus de projet qui oriente sa vie et lui donne un sens, qu'il n'a plus devant lui que la perspective de la mort, pourquoi ne pourrait-il pas choisir lui-même le moment de disparaître ? Cette question peut paraître choquante, si l'on se réfère à un suicide particulier. Mais, du point de vue psychosomatique, les frontières entre les limites naturelles de son existence et celles qu'on peut lui imposer volontairement sont déjà extrêmement floues. Heureusement, on accepte de plus en plus de reconnaître que la mort n'est pas un fauve que l'on traque, comme le faisait jusqu'à présent la médecine, mais qu'elle fait partie intégrante de la vie organique et qu'il est donc préférable de l'accepter comme telle. On commence à voir des cliniques de mourants qui, au lieu de lutter à tout prix contre la mort, préparent les gens à l'accueillir comme une amie qui viendra fidèlement[27]. Mais cette connivence

___

27. Élisabeth Kübler-Ross renvoie en particulier au langage *symbolique* dans lequel le mourant aimerait exprimer ses sentiments face à la mort. Elle affirme fort justement la nécessité de cultiver l'espérance concernant les enfants ou la vie éternelle, dès lors que traitement, guérison et prolongation de la vie sont devenus improbables. Mais cette espérance n'a plus rien à voir avec le sens de la vie terrestre ; elle montre plutôt qu'il est parfaitement possible, même à un croyant, de souhaiter la

avec la mort, ce savoir sur la dernière impasse de l'existence terrestre peuvent fausser de manière importante les essais thérapeutiques des médecins : la mort qu'on accueille vient déjouer tous les traitements.

On sait que maints peuples dits primitifs ont la possibilité d'appeler consciemment la mort quand ils se sentent prêts[28]. C'est ainsi que, dans son célèbre roman *Moby Dick*, Herman Melville décrit comment Queequeg, le harponneur, reconnaissant dans le canoë de Nantucket le bateau de la mort de son pays, *décide* de mourir. Pour plus de sûreté, il se fait faire un cercueil à sa taille par le charpentier du bord, et il s'installe à côté en attendant sa mort. Rien ne peut l'arracher à son hypnose, sinon le souvenir soudain qu'il a encore une tâche à terminer. L'obsession de l'accomplir s'impose alors plus fortement que la proximité de sa mort[29].

mort : É. KÜBLER-ROSS, *Les Derniers Instants de la vie*, Labor et Fides, 1975. J.-Ch. HAMPE oppose de bons arguments théologiques, mais aussi psychologiques, à la doctrine de K. Barth, si largement répandue chez les protestants, selon laquelle dans la mort ce serait l'homme « total » qui mourrait, car il n'existerait pas d'âme immortelle, au sens de la philosophie grecque. Il remarque fort justement : « Notre société occidentale développée ne pourra pas vivre si elle n'acquiert pas une image totalement neuve de la mort et de la vie. Vaudrait-il vraiment la peine de vivre, ne serait-ce qu'un jour, si notre vie ne vise qu'à faire place à des plus jeunes ? La mort, cette nécessité d'une nature qui doit fatalement et cruellement reconnaître sa finitude, ne laisse à l'homme ni dignité ni liberté. Selon la pensée de Darwin, qui domine encore aujourd'hui, il faudrait comprendre et justifier scientifiquement la mort. Mais c'est peut-être justement le contraire : la mort est nécessaire pour que nous devenions conscients de notre réalité » (*Sterben ist doch ganz anders. Erfahrung mit dem eigenen Tod*, Stuttgart, 1975, p. 161). Beaucoup plus appropriée serait l'attitude « égyptienne » qui voit dans la mort un abordage sur l'autre rive, à la façon de l'envol d'un oiseau vers le ciel, d'une éternisation de l'existence sous la forme du dieu Osiris : cette vision des choses constitue le véritable arrière-plan des idées platoniciennes et chrétiennes d'immortalité.

28. En ce qui concerne l'immersion harmonieuse dans l'anneau du temps entre la naissance et la mort, voir *SB*, I (p. 358-368) avec les exemples contradictoires d'une vision « paradisiaque » du monde, telle qu'on la trouve chez nombre de peuples « primitifs », et la vision linéaire du temps propre à la pensée occidentale, pour laquelle la destinée (!) physique qu'est la mort est une punition de Dieu ; en réalité, c'est précisément l'incapacité de vivre une partie de l'existence humaine dans la perspective de la mort qui fait paraître malédiction la nécessité de mourir.

29. Dans *Moby Dick*, Paris, Gallimard, trad. L. Jacques, J. Smith et J. Giono, 1976, p. 212-214, H. MELVILLE décrit de main de maître

Mais la question que résout de façon exemplaire Queequeg ne cesse de se poser immanquablement : où se situe exactement la frontière entre l'expérience d'une mort qui approche et l'attirance vers la mort ? Pratiquement, elle n'existe pas, et le fait d'être prêt à l'accepter activement se confond avec le fait de l'appeler librement. Les Indiens nordaméricains, par exemple, ne se contentaient pas de l'attendre de pied ferme ; lorsqu'ils sentaient approcher leur fin,

l'expression du visage de Queequeg :

Et comme des cercles sur l'eau qui s'étendent à mesure qu'ils s'évanouissent, de même ses yeux s'arrondissaient comme les cercles de l'Éternité. Un indicible respect mêlé de terreur s'emparait de vous tandis que, assis au chevet de ce sauvage agonisant, vous voyiez d'étranges choses sur son visage. [...] Et l'approche de la mort qui nivelle tout également fait une égale impression sur tous, comme d'une dernière révélation, que seul un auteur revenu de chez les morts pourrait raconter comme il faut. De sorte que, répétons-le, aucun Chaldéen ou Grec mourant n'avait eu de pensées plus hautaines et plus sacrées que celles dont on voyait glisser les ombres mystérieuses sur le visage du pauvre Queequeg, tandis qu'il était tranquillement couché dans son hamac qui se balançait, le roulis de la mer semblant le bercer doucement vers son dernier repos et le flux invisible de l'océan le porter de plus en plus haut vers le paradis auquel il était destiné.

Selon les coutumes de son peuple, les guerriers morts sont embaumés dans un canoë qui les mènera jusqu'au ciel.

Ils croient non seulement que les étoiles sont des îles, mais encore que bien au-delà de tout horizon visible, leurs propres mers douces sans rivages se fondent avec l'azur des cieux, formant ainsi les brisants neigeux de la Voie lactée.

L'étonnant, c'est que Quiqueg manifestement est libre de vivre ou de mourir.

En un mot, l'opinion de Queequeg était que si un homme décidait de vivre, une simple maladie ne pouvait pas le tuer ; rien ne pouvait le tuer, sauf un cachalot, ou une tempête, ou quelque violent destructeur, enfin une brute cosmique de ce genre.

Peut-être les indigènes ont-ils raison, ce sont les « mauvais esprits » qui tuent les hommes : c'est-à-dire l'angoisse, la tristesse, la détresse ; autrement, l'homme serait libre de choisir le moment et la manière d'aborder aux « îles » du ciel. E. BERNE décrit des cas de désir névrotique de mourir, par exemple à la suite d'une identification avec un des parents (*Was sagen sie nachdem sie « Guten Tag » gesagt haben ?*, trad. de l'anglais, Munich, 1975, p. 168-170). Il pense que « beaucoup de gens meurent parce qu'ils le veulent, par exemple d'une thrombose coronaire qui, selon toute probabilité, avoisine un acte de pure volonté » (p. 168). Presque tous les gens ont plus ou moins consciemment une idée du laps de temps qu'il leur reste à vivre et au-delà duquel la vie n'a plus de sens.

ils prenaient congé de leurs proches, déterminaient au jour et à l'heure près le moment de leur séparation et, à l'aube de leur mort, se faisaient porter hors du camp pour mourir. Ce n'était plus une attente passive de la mort : ils l'appelaient de tout leur être, autrement dit ils allaient à sa rencontre ; ils mouraient dans leur tête avant de le faire physiquement. On peut dire que ce sont deux façons tout à fait distinctes de se comporter, quand on est devenu « vieux et rassasié de jours », comme le dit l'Ancien Testament : quitter l'existence, ou se donner la mort en s'ôtant une vie devenue en quelque sorte insupportable. La distinction entre les deux attitudes ne consiste pas tant dans le processus intérieur que dans les moyens qu'on prend pour causer la mort. L'Indien qui s'abandonne à la mort en agissant *psychiquement* sur lui-même n'a pas besoin de recourir à la violence physique. La différence est considérable ! Elle est sans doute aussi grande qu'entre l'extase mystique et la griserie d'un alcoolique. C'est certainement donner un sens à sa vie que de s'entraîner à vivre pleinement cette dernière extase de l'existence, en provoquant la mort par des moyens, non pas physiques, mais *spirituels*. Cependant la question à laquelle nous sommes confrontés est différente : a-t-on de façon générale le droit d'écourter *arbitrairement* ses jours ?

Dans cette perspective, la position traditionnelle de la théologie morale s'oppose bien évidemment à cet acte présumé arbitraire qui consiste à se donner la mort. On argumente généralement en rappelant que Dieu, le maître de la vie, a seul le droit de décider du mode et du moment de notre mort. L'homme s'attribuerait des droits divins s'il refusait de consentir humblement au verdict de son créateur, et le suicide serait un signe de la volonté humaine de ressembler à Dieu. Mais cette argumentation n'est pas du tout convaincante. Non seulement elle présente comme essentiellement autoritaire et volontariste la relation de Dieu à l'homme, mais de plus elle interprète les causes de la mort comme une décision particulière de Dieu, ce qui est une manière un peu rapide de passer du principe abstrait au cas concret.

Il y a vraiment un sens théologique à considérer l'ensemble d'une vie humaine, comme voulue par Dieu depuis la naissance jusqu'à la mort. Mais il est déjà absurde de regarder une *naissance*, ce résultat du hasard, comme le fruit

d'une décision positive de la volonté créatrice de Dieu[30].
Celui qui reconnaît en Dieu son père et son sauveur se place
sur le plan *existentiel*, et non sur le plan biologique, qui
demeure alors totalement contingent. Il en va de même pour
le principe et les circonstances de la mort. Il est tout simplement absurde de dire que Dieu « a rappelé à lui le défunt »,
comme si on en revenait à une image du monde présentant
comme jugement divin un orage, un tremblement de terre,
une inondation, une éruption volcanique ou une épidémie de

30. Sur ce point, nous ne saurions souscrire aux réflexions fort pro-
fondes et très responsables de U. EIBACH, quand il pense que la foi rend
l'homme capable de voir librement « la disposition de Dieu derrière les
circonstances de la mort, et d'accepter la mort comme telle » (*Medizin
und Menschenwürde*, Wuppertal, 1976, p. 225) ; pour lui, la vie serait un
don, non une possession, ce pour quoi on ne saurait ni la prolonger ni
la raccourcir arbitrairement. En fait ce type d'argument permet d'oublier
qu'on ne saurait parler de Dieu de la façon dont on décrit la nature ;
autrement dit que, philosophiquement parlant, on ne saurait franchir
l'abîme qui sépare la connaissance du monde intelligible de celle du
monde des phénomènes. *De facto*, la médecine travaille tant bien que mal
à la prolongation « volontaire » de la vie ; mais il faut bien se demander si la médecine a le droit, ou même le devoir, de maintenir en vie,
autrement dit de prolonger la vie corporelle de quelqu'un, par exemple
d'un suicidé ou d'un moribond, si celui-ci ne veut absolument plus vivre.
Ce peut être user de *violence* que de forcer quelqu'un à vivre ; et ce problème de la violence est bien le nœud du problème : dans quelle mesure
peut-on et doit-on prolonger une vie ? Ce n'est pas *la* vie, mais *le* vivant
qu'on doit interroger si on veut pouvoir le résoudre de façon sensée. Par
ailleurs on risque de tomber dans l'animisme, le panthéisme ou une mauvaise forme de chamanisme, si on entend identifier l'action de la nature
avec celle de Dieu, argument que fait sans aucun doute à bon droit valoir
P. MOOR dans son éloquent plaidoyer (*Death is not the Worst : The Case
for Voluntary Euthanasia*, New York, 1973). Impossible de jamais répondre à la question de Frère Juniper, dans le roman de Th. WILDER, *Die
Brücke von San Luis Rey* (trad. de l'anglais, Francfort, 1952, p. 12) :
comment peut-on voir dans un accident une « pure disposition » divine ?
Dans l'amour, il existe un lien indestructible entre le rivage de la mort
et celui de la vie, mais il n'est pas possible de considérer l'accomplissement réel de la nature comme l'expression de l'amour porté à un être particulier. Tout autre est l'attitude de don de soi, telle que la recommande
A. DELP dans sa magnifique méditation sur l'hymne de la Pentecôte
« Guéris ce qui est blessé » : « C'est pourquoi l'homme doit toujours
savoir qu'il dispose de la force de salut suffisante pour supporter les blessures sans en devenir fou de douleur » (*Im Angesicht des Todes. Gesch-
rieben zwischen Verhaftung und Hinrichtung, 1944-1945*, Francfort,
1965, p. 201-204). On peut parler ainsi dans la prière, mais non en théologie morale.

peste. Il ne s'agit pas de se raconter des histoires ; dans l'univers, pendant des millions d'années, des voies lactées sont entrées en collision avec des milliards de soleils ; la vie de toute une galaxie peut être une « erreur » ! Dans le même ordre d'idée, la mort des hommes relève autant du hasard que leur naissance. La seule décision libre ne peut concerner que leur mort[31]. Si on admet ces prémisses en théologie ou en philosophie de la nature, on ne manquera pas de reconnaître qu'il y a quantité de façons de mourir qui, vues du côté humain, sont parfaitement absurdes, cruelles, révoltantes, injustes, écœurantes, et parfaitement inconciliables avec l'idée que l'on se fait d'un Dieu bon et sage. Si nous voyons l'effort de l'intelligence humaine en tous lieux pour unifier l'univers des faits avec les idées que nous avons du sens de la justice et de la dignité, pourquoi vouloir lui soustraire le domaine de la mort ? La grandeur et la puissance divines ne sauraient en tout cas être affectées par le fait qu'on cherche à humaniser les conditions, si humiliantes et si dégradantes, de notre disparition. Ce n'est pas la mort en soi qui est absurde, comme le pensait Albert Camus — elle est inséparable de notre chimie organique — mais bien souvent ses raisons et ses conditions, et il doit donc être à tout le moins permis à l'homme, dans la mesure où il lui est possible de prévoir les choses, de se défendre contre la déraison. En d'autres termes, Arthur Koestler avait raison.

À vrai dire, la préoccupation de la théologie morale ne porte pas tant sur la licéité du suicide que sur la peur de voir du même coup justifier l'*euthanasie*. Effectivement, ce sont

31. Une fausse idée de la nature, telle par exemple qu'a pu l'enseigner le christianisme, débouche nécessairement sur l'athéisme, et les déceptions concernant « le problème de la théodicée » poussent de nouveau la médecine à prendre de manière artificielle la place de la « providence divine » qui fait tant défaut pour protéger l'homme de la nature. Le combat littéralement impie contre la nature apparaît alors comme un postulat éthique ; voir E. DREWERMANN, *Der tödliche Fortschritt*, p. 74-78. Il n'empêche que la Bible décrit souvent la mort comme l'œuvre directe de Dieu. H. WITZENRATH renvoie aux psaumes 68, 21 ; 118, 18 ; 139, 8 ; 1 S 2, 6 ; Dt 32, 39 (« Am Abend Weinen, doch am Morgen Jubel. Ps 30 — ein alter Osternachtspsalm der Kirche », dans : H. BECKER-R. RACZYNSKI (éd.), *Liturgie und Dichtung*, 2 vol., St. Odhilien, 1983). Mais si, sans plus de réflexion, l'exégète déclare de tels passages de la Bible normatifs, c'est là un biblicisme qui fausse dès le départ la prise de position théologique.

là deux domaines qui sont en étroite relation. Si, dans certaines circonstances, le désir de suicide est justifié, il devient impossible d'exclure le droit d'aider activement quelqu'un à se suicider.

Certes, il est toujours possible de minimiser les tragédies de l'existence et c'est souvent le cas dans l'Église[32], ou de ne les interpréter que comme les conséquences de mauvais motifs. Mais le seul résultat qu'on en obtient c'est que les personnes concernées se sentent grossièrement incomprises et reprochent alors à l'Église, non sans raison, de se refuser à comprendre la peine des gens pour s'en tenir à une absurde image manichéenne du monde. Certes, les circonstances qui peuvent amener tel ou tel à envisager l'euthanasie sont le plus souvent difficiles et comportent le danger de se tromper soi-même. La décision doit être prise en parfaite connaissance de cause de sa propre motivation. La compassion peut être une forme d'égoïsme camouflé, la disponibilité une sorte de sadisme refoulé et l'engagement personnel la conséquence d'un appétit caché de pouvoir. Il n'en reste pas moins des cas où on ne saurait refuser l'euthanasie.

Voici quelques années, au cours d'une table ronde sur le film de B. Wickis, *Le Pont* (1959), un des instituteurs que j'avais eus à l'école primaire, et dont, enfant, j'avais aimé le caractère très humain, manifesta une grande excitation. La discussion portait sur la scène où un blessé grave, dont on voyait sortir les entrailles, demandait désespérément qu'on l'achève. C'est exactement ce que cet instituteur avait connu, en 1944, en Russie. Un de ses camarades avait été atteint par une grenade. Or les troupes ennemies venaient de percer en force les lignes allemandes, et son unité fuyait dans tous les sens. Pas question donc de soigner, ni même de transporter le blessé. Quant aux Russes, ils avançaient à toute vitesse, et il leur aurait fallu des heures pour s'occu-

---

32. C'est ce qui arrive lorsque K. BARTH notamment (*Dogmatique,* III, 4, 460 s.) rejette l'euthanasie en disant que Dieu seul peut décider de ce qui est « supportable ou insupportable » pour l'homme. Il se produit souvent dans la vie humaine la tragédie de « ce qui est inadmissible humainement » ou la « mauvaise relation » de l'homme à son destin. Voir E. DREWERMANN, « L'existence tragique et le christianisme », *La Peur et la Faute. Psychanalyse et théologie morale*, t. I, Paris, Cerf, 1992, p. 7-73.

per de leurs propres blessés, à plus forte raison de ceux de l'« ennemi ». Que pouvait donc faire cet instituteur, sinon délivrer lui-même son camarade de ses atroces douleurs ? Lui raconter que Dieu avait permis ses tortures et qu'il devait donc rester dans le *no man's land* à les supporter jusqu'au bout ? Celui qui en est réduit à un état tel que les vagues de souffrances le rendent fou ne saurait « supporter » son mal. Qui laisserait continuer à se débattre de façon absurde un lapin atteint de myxomatose, prostré au fond du jardin, incapable de toute coordination de mouvements, les yeux exorbités et suppurants, la tête frénétiquement secouée de spasmes ? Comment pourrait-il alors exister un devoir de refuser à un être humain ce dernier service miséricordieux ? Et comment d'ailleurs demander à quelqu'un d'affronter certaines situations dangereuses si on ne lui donne pas la possibilité de se donner la mort en cas d'échec ? À un astronaute, par exemple, on fournit du poison pour lui épargner de rôtir lentement dans une capsule portée au rouge ; et il n'est de sous-marin qui ne soit pourvu de substances mortelles pour épargner à l'équipage une effroyable mort par asphyxie, etc.

En Allemagne, il n'est évidemment pas possible de parler du problème de l'euthanasie sans évoquer ce cauchemar que fut le troisième Reich. Mais si les nazis avaient déjà commis une lourde faute en érigeant des cas exceptionnels d'euthanasie en loi (pour éliminer les « vies sans valeur »), on serait tout aussi coupable en tirant argument d'une fausse loi divine pour refuser toute exception à l'interdit de tuer. S'il est un risque de retomber dans une idéologie de type nazie, il ne réside pas dans le fait de reconnaître le caractère tragique de certains cas extrêmes, mais bien plutôt dans celui de défendre, comme le fait le christianisme, une philosophie de la nature identifiant pour toujours ordre du monde et providence divine. Car, compte tenu des souffrances et des cruautés de cette nature, il serait alors facile de nier Dieu, moyennant quoi on élaborerait de nouveau un mythe de la nature en en faisant le fondement de l'éthique : c'est ce que firent précisément les nazis en se réclamant de Nietzsche. L'euthanasie pourrait bien être une des questions, sinon *la* question, qui devrait inciter la théologie morale à admettre, ce qui manifestement lui est difficile, qu'il y a une sphère du tragique et qu'il peut exister des exceptions à la loi[33].

Vieillesse et infirmité.

On y pense habituellement trop peu : depuis trois cents ans, les problèmes de la vie ont profondément évolué du simple fait que nous vivons en moyenne presque deux fois plus longtemps que nos ancêtres[34]. Notre éthique reste encore marquée par notre vision d'une durée de vie notablement plus brève : les mariages, par exemple, sont conclus pour la vie ; cet état de choses ne suscitait *a priori* aucun problème

33. C'est ce qu'on voit dans l'étude minutieuse de U. EIBACH sur la médecine et la dignité humaine, où il reconnaît dans le fait de tuer l'*ultima ratio*, mais en ajoutant fort justement : « Pour poser un tel acte, il ne suffit pas d'être convaincu du caractère vraiment insupportable de la souffrance qu'endure un malade ; il faut aussi être en relation personnelle avec lui, l'aimer. C'est d'ailleurs de là, et de là seulement, que procède l'insoluble conflit entre la volonté de l'aider et l'impuissance où on est de le faire, sans pouvoir pour autant se soustraire simplement à ce lien et à cet amour en le laissant seul à sa souffrance. Dans une telle situation, chacun se retrouve [...] seul, face à sa *conscience*, c'est-à-dire [...] devant Dieu, sans pouvoir se référer à aucune norme » (*Medizin und Menschenwürde, Ethische Probleme in der Medizin aus christlicher Sicht*, Wuppertal, 1976, p. 244). Du côté catholique, on ne trouve rien de comparable à cette sensibilité protestante concernant le caractère tragique de la vie individuelle, ce qui une fois de plus est en rapport avec le refus d'admettre au sein d'une création « sauvée » la réalité de destinées sans issue. On doit encore tenir comme représentative de la mentalité catholique la brochure, fort instructive, de Mgr J. J. DEGENHARDT, archevêque de Paderborn (*Den Tod annehmen — Christlich sterben*, p. 36) : « Le chrétien s'interdit de tuer un innocent : il est toujours défendu de mettre intentionnellement fin avant le temps à une vie humaine. C'est là l'évidente conséquence de l'image chrétienne de l'homme. » Cette image reste clairement marquée par la survivance de traits animistes, et le christianisme devrait bien s'en débarrasser au plus vite. *Nota bene* : Les images mythiques et animistes comportent en elles-mêmes une vérité indépassable, mais celle-ci ne relève ni des sciences de la nature ni d'une nature éthico-rationnelle, mais du symbolisme.

34. Signalons le travail important mais trop peu connu, de A. E. IMHOF : *Die gewonnenen Jahren. Von der Zunahme unserer Lebensspanne seit dreihundert Jahren, oder der Notwendigkeit einer neuen Einstellung zu Leben und Sterben*, Munich, 1981, p. 31-34. Il montre comment l'allongement de notre vie entraîne la nécessité d'une mutation de nos idées sur la mort.

majeur lorsque cela ne signifiait que vingt ou trente ans de vie commune et que la plus grande partie de ce temps était d'ailleurs consacrée aux soins de toute une troupe d'enfants. Mais il en va tout autrement quand on doit désormais vivre beaucoup plus proches et plus longtemps, avec de moins en moins de tâches communes à remplir. La mort aujourd'hui ne résout plus les problèmes de la vie privée. Que faire à trente-cinq ou quarante ans, quand des époux ayant atteint les objectifs biologiques et sociaux qu'ils s'étaient fixés au départ n'en doivent pas moins continuer à cohabiter pendant trente ou quarante ans encore ? La transformation même de leurs conditions de vie peut provoquer de véritables mutations psychiques dont il n'est pas certain qu'elles seront parallèles. Et que se passera-t-il, si l'un des deux, au mi-temps de son âge, rencontre une autre personne dont il découvrira soudain qu'ils étaient vraiment faits l'un pour l'autre[35] ? Il devient alors impossible et injuste de s'en tenir simplement au « jusqu'à ce que la mort vous sépare » !

Ce qui vaut pour l'amour vaut également pour la mort. À une époque où catastrophes et pestes, famines et guerres décimaient parfois des villes entières, n'existait pas ce que nous appelons aujourd'hui mourir, et devant quoi R. M. Rilke déjà tremblait quand, dans sa prière, il suppliait Dieu de donner « à chacun sa propre mort[36] » et de nous garder

35. G. Sheehy a analysé ce mi-temps de la vie, comme étant la disparition de la jeunesse, le retour du « monde archaïque des morts du temps de l'enfance » et la nécessité d'en finir avec l'identification aux parents. Au cours de la trentaine, « quand il nous faut reconnaître notre face d'ombre, que découvrons-nous ? Notre égoïsme, notre avidité, notre jalousie, notre peur, notre dépendance, notre possessivité, notre agressivité ». Et voici qu'on s'aperçoit soudain qu'on est seul, que l'époux est en tout cas incapable de saisir la nouvelle crise de celui qu'il croyait « connaître » depuis vingt ans. Et où trouver une amitié assez forte pour calmer les vieilles peurs de l'enfance et livrer combat aux « démons » ? C'est pourtant du travail effectué sur cette fausse identification que dépend le sens de la seconde partie de notre existence. Un tel problème n'existait pas lorsqu'on devait mourir à quarante ans, dans le cadre d'une tradition bien assurée, avec le minimum de liberté et de responsabilité personnelle, et sans avoir eu à donner soi-même un sens à sa vie.

36. R. M. RILKE, « Ô Seigneur, donne à chacun sa propre mort, / la mort issue de cette vie / où il trouva l'amour, un sens et sa détresse » : *Le Livre des heures*, dans *Œuvres, II, Poésie,* trad. P. de Man, Paris, Éd. du Seuil, 1972, p. 115. Et plus loin : « Car voilà qui nous rend

étrangère de finir dans le monde froid et absurde des grands mouroirs-usines, bourrés de machines et d'appareils techniquement parfaits, mais humainement stériles[37]. Au cours de ces dernières décennies, grâce à tous les progrès effectués en médecine, en hygiène et en diététique, la durée moyenne de la vie s'est allongée d'un tiers, sinon de la moitié. Mais rien n'a été proposé en échange en termes de valeurs ou d'idéaux susceptibles de donner un sens à l'existence et de l'épanouir. À lui seul ce déséquilibre entre le temps et son contenu constitue un mal difficile à supporter. La théologie peut bien rappeler au croyant que c'est un temps de maturation qui lui permet de se tourner vers l'éternité et d'ordonner sa vie à Dieu, il n'en est pas moins indéniablement beaucoup plus difficile de supporter vingt ans la maladie, la solitude, la retraite, le vide existentiel, les conditions de vie rétrécies[38],

et ardue cette mort ; / qu'elle ne soit pas nôtre ; / mort qui nous prend enfin / parce que nul en nous ne mûrit ; c'est pourquoi souffle un ouragan qui nous dépouillera » (p. 116).

37. Philippe Ariès caractérise fort bien la façon dont l'idée de la mort a radicalement changé depuis le milieu du XIXᵉ siècle. Sous les titres : « Le début du mensonge » (la mort est niée), « Le début de la médicalisation » (le médecin devient Dieu), « Les progrès du mensonge » ou « La mort sale » (il est pénible et vilain de mourir), il montre, en s'appuyant sur la nouvelle de Tolstoï, *La Mort d'Ivan Ilitch*, la rupture d'avec le modèle de la mort encore présent au XVIIIᵉ siècle : « La première enceinte qui est tombée, dès le XVIIIᵉ siècle [...] est la croyance à l'enfer et au lien entre la mort et le péché, ou la peine spirituelle, le mal physique n'étant pas encore contesté » (P. ARIÈS, *Le Visage de la mort*, Paris, Éd. du Seuil, 1977, p. 605). Cessant d'être punition divine, la mort se réduisit à un mal physique ; mais voilà que la médecine put combattre avec succès la souffrance qui lui était liée. Alors celle-ci apparut comme un scandale impossible à supporter. On dut « par conséquent contraindre sans pitié l'entourage des mourants et des morts à se taire ». S'il n'y a plus de mort, il faut « réduire la mort à l'insignifiance d'un événement quelconque ». On passe son temps à vouloir « réconcilier la mort avec le bonheur. Elle ne doit plus être que la sortie discrète, mais digne, d'un vivant apaisé, hors d'une société secourable que ne déchire plus ni ne bouleverse trop l'idée d'un passage biologique, sans signification, sans peine ni souffrance, et enfin sans angoisse » (p. 608).

38. Émile Durkheim déclare : « Le suicide égoïste vient de ce que la société n'a pas sur tous les points une capacité d'intégration suffisante pour maintenir tous ses membres sous sa dépendance. » Il voit là un phénomène social de désintégration et se demande « quels sont les groupes les plus aptes à rappeler perpétuellement l'homme à ce salutaire sentiment de solidarité » (É. DURKHEIM, *Le Suicide*, Paris, PUF, 10ᵉ éd., 1986, p. 428-429). On peut se demander si cette thèse étroitement sociologique

bref, une vie telle que la décrit Max Frisch[39], où l'homme se
trouve confiné dès sa naissance et jusqu'à l'heure de sa mort
dans les rôles que lui confère son entourage. Si, en plus, il
est confronté à des maladies pénibles, à des conditions de vie
humiliantes, à des expériences décevantes, il peut alors atteindre un niveau de tension tel que le sentiment d'être dans une
impasse peut le conduire au suicide. Et bien évidemment ici
aussi la foi en Dieu ne peut pas toujours constituer une issue.
La souffrance peut conduire au suicide un homme tel
qu'Adalbert Stifter, pourtant connu pour sa piété, sa sensibilité et sa créativité[40], et même un stoïcien comme Sénèque
devait reconnaître que la vertu d'ataraxie, l'impassibilité du
sentiment, trouve sa limite dans la souffrance et dans la
maladie[41]. Il se peut fort bien que ce soit en raison même de

répond bien au problème psychologique de la tendance suicidaire. Voir
à ce sujet la critique de P. R. WELLHÖFER, *Selbstmord und Selbstmordversuch*, p. 36-41. Mais il est hors de doute que la désagrégation de liens
et de tâches sociales valorisantes ne peut qu'accentuer cette tendance dans
la société de masse ; car il est manifestement de plus en plus difficile
d'éduquer la personnalité sans lui proposer des buts valables dans la vie.
Comment faire, lorsque l'abîme se creuse toujours plus entre l'individu
et l'État, tandis que les groupes intermédiaires tendent à se désagréger :
c'est la question que se pose DURKHEIM (voir p. 434 s.). R. WELZ
déclare : « Parmi les facteurs qui jouent un rôle négatif vis-à-vis du suicide, il faut noter : la faible densité de la population, le caractère local
de la profession, la force du lien religieux, le mariage ou un grand nombre
d'enfants » : « Gesellschaftliche Einflußgrössen auf die Selbstmordhandlung », dans H. POHLMEIER (éd.), *Selbstmordverhütung*, Bonn, 1978,
p. 61. C'est avant tout « l'absence de toute expérience subjective positive » que M. HAUTZINGER rend responsable des suicides de personnes
âgées (« Selbstmordhandlung im Alter », *Depression und Umwelt*, Salzbourg, 1979, p. 234).
   39. Voir cette phrase si mélancolique, mais indiscutable : « Seul
l'homme connaît les catastrophes, dans la mesure où il y survit. La nature
n'en connaît pas » (Max FRISCH, *Der Mensch erscheint im Holozän*,
Francfort, 1979, p. 103).
   40. U. Roedl décrit comment, le 26 janvier 1868, Stifter travailla
jusqu'au dernier moment sur les documents de son arrière-grand-père,
en « exaltant le désintéressement, l'esprit de service et de sacrifice de
soi », tout en étant lui-même accablé de souffrances physiques et psychiques au point d'en arriver à saisir un couteau pour se trancher la gorge.
C'est une erreur totale de « croire qu'une action quelconque, commise
sous le coup du désespoir, pourrait effacer l'honneur d'une vie entièrement consacrée à l'homme et à l'art » (U. ROEDL, *Adalbert Stifter in
Selbstzeugnissen und Bilddokumente*, Hambourg, 1965, p. 143-146).
   41. Tacite raconte comment, sur l'injonction de Néron, Sénèque se suicida en même temps que son épouse Pauline. On sauva à vrai dire celle-ci,

son humanisme qu'un Stefan Zweig par exemple ait eu le sentiment qu'avaient définitivement disparu de son époque certaines valeurs auxquelles il avait consacré sa vie : intelligence, bonté, esprit, sensibilité[42]. Et peut-on dire que K. Tucholsky ait vraiment manqué de confiance en Dieu en se supprimant parce qu'il ne croyait plus que les puissances du bien pourraient l'emporter victorieusement sur le nazisme[43] ? Voir disparaître la réalité qui faisait vivre peut provoquer un vide spirituel terrible : mêmes les dieux peuvent mourir ! Et comment des humains pourraient-ils leur survivre, surtout s'ils sont de stricte observance[44] ? Les Juifs

afin de ne pas exciter davantage la révolte contre la cruauté de Néron (TACITE, *Annales*, XV, 62-65). Sénèque avait lui-même écrit au sujet de la mort : « Qu'est-ce que la mort ? Une fin ou un passage ? Nous n'avons pas à craindre la fin, car finir n'est pas différent d'avoir commencé, et nous n'avons pas à craindre le passage, car jamais nous ne serons aussi à l'étroit. » Il ajoute que l'homme parfait n'a pas à hésiter à mettre lui-même fin à ses jours, lorsque son temps est arrivé. Dans son épitre à Lucilius, 70, il déclare : « C'est pourquoi le sage vivra — autant qu'il le doit non pas autant qu'il peut. » « Je choisirai le navire sur lequel je dois embarquer ; la maison où je dois loger ; je ferai de même pour ma mort quand je m'en irai de ma vie. J'ajoute qu'il n'est pas vrai que la vie la plus longue soit toujours la meilleure, il est bien vrai que la fin des morts est toujours celle qui se prolonge » (p. 11), Sénèque, *Lettres à Lucilius*, 70, Les Belles-Lettres, t. III, livre VIII.

42. En ce qui concerne le suicide de Stefan Zweig et de Lotte Altmann, voir D. PRATER et V. MICHELS, *Stefan Zweig, Leben und Werk im Bild*, Francfort, 1981, p. 346-351. Il faut aussi mentionner ici ceux de Heinrich von Kleist et de Henriette Vogel, le 21 novembre 1821, au bord du Wannsee, à Berlin : l'hypersensibilité de Kleist ne lui permettait plus de s'adapter à ce monde. Quant à Henriette Vogel, elle était atteinte d'un cancer de l'utérus inguérissable : voir C. HOHOFF, *Heinrich von Kleist in Selbstzeugnissen und Bilddokumenten*, Hambourg, 1958, p. 148-154.

43. K. P. Schulz montre de façon impressionnante le désespoir de Tucholsky devant ces malheurs insupportables qu'étaient le national-socialisme et le bolchevisme. Le 19 décembre 1935, en prenant le poison mortel, il tirait « les conséquences logiques d'un être qui n'avait que trop justement reconnu son entourage, mais s'était aussi méconnu lui-même, en même temps qu'il avait méconnu la permanence de son œuvre » (K. P. SCHULZ, *Kurt Tucholsky in Selbstzeugnissen und Bilddokumenten*, Hambourg, 1959, p. 168).

44. Déjà un simple changement d'environnement peut avoir un effet suicidaire. É. DURKHEIM montre le sens du besoin de sécurité, d'ordre et de stabilité : « Toute rupture d'équilibre, alors même qu'il en résulte une plus grande aisance et un rehaussement de la vitalité générale, pousse à la mort volontaire » (p. 271). C'est ainsi que s'explique le fait que le taux de suicide baisse de façon significative dans une Église catholique

en 70 ap. J.-C., les Japonais en 1945, illustrent ce malheur de survivre à une époque révolue. La nature en est déjà l'illustration, elle qui vit disparaître en même temps mammouths géants et fauves accoutumés aux grands froids. La forêt ayant avancé vers le nord, des animaux plus petits, mais de formes infiniment plus variées, vinrent prendre la place de leurs prédécesseurs. Or les rebondissements de l'histoire sont souvent plus soudains encore et ses tempêtes plus mortelles que les transformations de la nature. Fort de tels précédents, pourquoi un homme intelligent, qui imagine sans peine sa fin, devrait-il se défendre contre l'inévitable ? Ajoutons que le « courage » apparent n'est pas nécessairement signe d'espérance, mais peut l'être aussi bien d'aveuglement spirituel et d'indifférence. La sagesse de la vieillesse peut consister à prendre congé de la vie en toute liberté. Certes, il est interdit à l'homme de représenter des images de Dieu ! Mais toute religion consiste à rendre Dieu visible dans des images et des symboles. Et comment adhérer à des convictions au point de tout risquer pour les défendre, tout en conservant une distance suffisante pour pouvoir en changer ? Même le prophète Jonas souhaita mourir parce que la cité de Ninive était beaucoup plus réelle que son image de Dieu (Jon 4, 8). Quand la prolongation de notre existence ne tient plus qu'à un acharnement thérapeutique, quand il devient tout simplement impossible de supporter plus longtemps ces artifices de notre civilisation, on doit pouvoir disposer de la latitude nécessaire pour décider de l'usage que l'on veut faire de sa vie, autre-

marquée par sa rigueur et par le lien à la hiérarchie (voir p. 154 s.). Mais les mutations de nature psychique sont beaucoup plus importantes. Déjà, chez les jeunes, la crise de détachement des parents prend souvent une forme suicidaire : les parents peuvent, eux aussi, constituer des « dieux » dont la disparition est mortelle pour leurs survivants. C. HEUER montre le cercle vicieux consistant à « perdre l'objet d'amour revêtu d'une signification vitale » sans plus pouvoir le retrouver : *Selbstmord bei Kinder und Jugendlichen. Ein Beitrag zur Suizidprophylaxe aus pädagogischer Sicht*, Stuttgart, 1979, p. 32-33. Dans l'histoire de la culture, il n'existe pas de document plus touchant de la profonde dépression éprouvée lors de l'écroulement d'une époque que les célèbres poèmes égyptiens, « Entretien d'un homme fatigué de la vie avec son âme » et l'« Avertissement d'un prophète » à la fin du premier Empire (env. 2 500 av. J.-C.) ; voir A. ERMAN, *Die Literatur der Ägypter. Gedichte, Erzählungen und Lehrbücher aus dem 3. und 2. Jahrhundert v. Ch.*, Leipzig, 1923, p. 122-130 ; 130-148.

ment dit, pour en revenir à l'ordre originel de la nature qui offrait une fin à une existence menée à son terme.

Le problème du suicide des personnes âgées présente un autre aspect macabre. La prolongation de la vie, ajoutée à la chute du taux de mortalité infantile, a provoqué une croissance explosive de la population[45]. La conséquence en est que cinquante millions de personnes meurent de faim chaque année. Est-il vraiment juste de prolonger la vie dans une partie du monde, sans se préoccuper du prix et de la finalité de cette démarche, et de voir s'effondrer de façon catastrophique la durée de la vie dans une autre partie du monde ? Et faut-il vraiment voir une preuve de sagesse dans le maintien en vie d'un nombre relativement faible d'humains, souvent contre leur volonté, quand des millions d'autres, dont quinze millions d'enfants, meurent de faim tous les ans et n'ont même pas la chance de vivre humainement ? Bien sûr, euthanasie ou suicides collectifs ne sont pas des solutions. Mais il vaut la peine de se demander aujourd'hui comment faire entrer dans notre culture de façon plus juste et plus sensée le problème de la mort, ce qui, dans certains cas, empêche d'exclure d'emblée la possibilité de ces formes de fin. Déjà, lorsqu'il s'agit de la transformation profonde de la nature par l'homme, la mort peut être plus humaine et avoir plus de sens que la vie.

Torture et résistance.

Si les conditions dans lesquelles on manipule techniquement la nature peuvent déjà provoquer une véritable dégradation de la vie humaine, on peut pousser plus loin l'ineptie, non seulement en dépouillant la vie de l'autre de toute signification, mais en la transformant en un instrument de destruction du sens.

Car ce sont là les aspects les plus dramatiques de l'emprisonnement et de la torture. Ce qui peut alors pousser au sui-

45. En 1982 seulement, la population mondiale a crû de 82 millions d'habitants, atteignant 4,7 milliards. Il y avait alors un milliard d'habitants de plus que dix ans plus tôt. Le problème écologique et économique de l'explosion de la population commence vraiment à être très sérieux. Voir E. DREWERMANN, *Der tödliche Fortschritt*, p. 10-14 ; 46-48.

cide, ce n'est plus la simple disparition de toute perspective d'avenir, mais bien l'échec d'une volonté de maintenir à tout prix un peu d'humanité et de dignité dans des conditions inhumaines.

À proximité de Paderborn, à Wewelsburg, lieu d'excursion dominicale, il y a aujourd'hui une auberge de jeunesse fort prisée qui, de 1933 à 1945, était un des hauts lieux de culte de l'idéologie nazie. De 1939 à 1945, on y installa aussi un camp de concentration dont les archives nous révèlent actuellement l'étrange visage : on peut y lire que les « prisonniers y étaient battus jusqu'à en perdre connaissance ». Dans leur misère, ils en arrivaient à se traîner sur le ventre vers leurs gardiens SS en les suppliant de leur donner « un coup de grâce », ou à se précipiter sur les fils barbelés électrifiés pour mettre eux-mêmes fin à leurs jours[46]. Il faut évoquer ici la fin mémorable de Jelena Kekachina, une jeune Russe de vingt-deux ans, dont l'annonce du décès le 8 mars 1943 porte la mention « par étouffement » (pendaison) pour « refus d'obéissance ». Le récit d'un prisonnier rétablit la vérité :

> On livra une belle jeune fille. Elle avait dû appartenir à un groupe de résistance. Le soir, elle dut travailler longtemps dans un atelier de repassage de linge. Le chef allemand se mit à l'importuner. Elle se défendit avec son fer contre ses avances, mais le frappa si malencontreusement à la tempe qu'il en mourut. On la pendit en secret au camp. Il n'y eut pour assister à l'exécution que le commandant Haas, quelques officiers SS, Stolle, le bourreau, et moi [W. Baer, le rédacteur]. La jeune fille portait des menottes. Stolle voulut lui mettre le nœud coulant autour du cou. Mais tout alla très vite. La fille cracha à la figure de Stolle, le frappa violemment à la poitrine, se passa le nœud autour du cou, tira la langue aux officiers et sauta seule du gibet. Le commandant Haas se mit à rire : « Nom de Dieu, quelle chatte ! » Et Stolle : « Elle va me le payer. » Et, dans le crématoire, il prit une hache pour lui arracher les organes génitaux[47].

Comment lire les récits de cette époque sans être saisi

46. K. HÜSER, *Wewelsburg 1933-1945, Kult- und Terrorstätte der SS. Eine Dokumentation*, Paderborn, 1982, p. 360.
47. *Ibid.*, p. 380-381 ; voir également p. 361.

d'effroi, de colère, de compassion, de désespoir ou d'acca-
blement. Même l'éloignement dû au temps n'empêche pas
d'imaginer ce qu'ont dû ressentir ces personnes. En lisant
l'histoire de cette jeune fille on éprouve au moins une certaine satisfaction : elle a conservé sa dignité, son courage et
sa fierté, préférant avec grandeur se donner la mort plutôt
que de se laisser honteusement exécuter ; elle a imposé sa
volonté plutôt que d'accepter un arbitraire infamant. Face
au sadisme routinier, à la violence perfectionnée et au mépris
quotidien de l'homme, sa mort librement choisie devenait
une preuve de la liberté humaine. En se détruisant physiquement, elle montrait à ses bourreaux qu'ils pouvaient certes
avilir son corps, mais non son âme. La colère impuissante
des SS s'acharnant encore sur elle à coups de hache montre
bien à quel point elle avait vraiment saboté leur besoin sadique de dégradation : la victime en devenait victorieuse.

Il est donc des circonstances inhumaines où le suicide porte
témoignage de l'honneur oublié de l'humanité, d'une survivance du respect de soi, d'un courage de vivre dans la
dignité. Qu'on se rappelle ici Éléazar, un des défenseurs de
la forteresse de Massada lors de la guerre judéo-romaine,
réclamant d'aller librement à la mort pour éviter de figurer
au triomphe des Romains. C'est son geste qui justifie l'actuel
serment des jeunes recrues israéliennes jurant sur les ruines
de la forteresse hérodienne : « Massada ne tombera pas une
seconde fois[48]. » Par-delà les millénaires, un suicide peut
faire office de fanal rappelant l'invincible grandeur de
l'homme.

Mais il n'est nul besoin de recourir aux grands exemples
de l'histoire pour comprendre comment le moindre sentiment
de cette grandeur disparue peut constituer un motif de suicide que la théorie du retournement contre soi-même des pulsions d'agressivité ne suffit pas à expliquer.

C'est ainsi qu'une femme, aujourd'hui âgée de quarante-
trois ans, se rappelle comment, à dix-huit ans, à la suite
d'une scène de folie furieuse de son père, elle voulut se jeter
sous un train. Jeune fille extrêmement attirante, elle venait
de vivre une année terrible : son père n'avait cessé de la poursuivre et d'épier tous ses pas, soi-disant pour la défendre

---

48. E. DREWERMANN, *Das Krieg und das Christentum*, p. 83-84,
n. 55.

contre les tentatives malsaines et immorales d'autres hommes, mais en réalité pour se la garder jalousement au nom de ses droits sur elle, et pour se dédommager d'une relation totalement frustrante avec sa femme. Si elle se donnait la mort, pensait-elle, son père prendrait peut-être au moins conscience du caractère inhumain, sadique et meurtrier de la violence qu'il exerçait, et il comprendrait enfin qu'on peut sans doute se croire des droits sur un corps, mais non sur une âme. Père et fille en arrivèrent alors à un comportement totalement aberrant, et le combat prit une tournure dramatique car elle en arrivait à souhaiter mourir pour prouver à quel point elle tenait passionnément à la vie, tandis que lui, ivre de jalousie et d'une volonté de pouvoir, tentait vainement de faire preuve d'indifférence envers elle. « Mais fais-le donc ! » aurait-il été jusqu'à lui crier devant sa menace de se tuer. Cette forme de sadisme ressemble à celle de Stolle cherchant encore à satisfaire sa rancune sur un cadavre. Lorsqu'on a vécu une telle expérience, comment retrouver un chemin débouchant, non plus sur la mort et la destruction, mais sur une vie renouvelée ? Il faudrait rencontrer un homme capable de vous aimer plus encore que votre père, au point d'effacer le sentiment de frayeur que celui-ci a fait peser sur votre enfance ; un homme qui vous apprendrait à oublier que l'on peut avoir peur de soi en intériorisant les attaques paternelles.

À côté de ces cas dramatiques on ne doit pas oublier ces formes de suicides « au ralenti » que sont l'anorexie mentale, la dépendance de la drogue, la tabagie, pour ne citer qu'eux[49]. Ce sont aussi des recherches de la vie dans la mort,

49. En ce qui concerne le lien entre l'intoxication et le suicide, voir P. R. WELLHÖFER, p. 93-96 ; K. MENNINGER montre combien il faut particulièrement considérer « l'alcoolisme comme une forme d'autodestruction [...] à laquelle on recourt pour éviter une autodestruction plus dure encore. Celle-ci procède d'une agressivité engendrée autant par une érotique déçue et insatisfaite que par un besoin de punition dû à un sentiment de culpabilité lié à cette agressivité. L'alcoolisme se caractérise de plus par le fait qu'on réalise cette autodestruction à la fois en dépit de et grâce à l'aide de moyens auxquels ceux qui souffrent recourent pour alléger leurs peines et pour faire disparaître cette perspective de destruction qu'on craint » (*Selbstzerstörung*, trad. de l'anglais, Francfort, 1974, p. 180-207 et en particulier 207). D'un point de vue médical, le danger d'abus d'alcool consiste en ce que l'alcool entrave la production de bloqueurs de la douleur en se substituant à eux ; d'où le danger de devenir

parce que la vie à laquelle on est soumis n'est plus une vie. Ainsi l'anorexique vit-il dans un monde similaire à celui que décrivent certains contes, que ce soit *La Jeune Fille sans mains* ou *Jeannot et Margot* : certaines carences physiques et psychiques suscitent un sentiment de culpabilité qui vient gangréner mortellement tous les désirs tant soit peu personnels, cela sur fond fantasmatique d'un monde paradisiaque où non seulement il y a assez à manger à la maison, mais où même les volets, les poutres et les portes deviennent comestibles, et où, dans le jardin, un poirier attend maternellement l'enfant affamé. Mais, dans la maison de pain d'épices, il y a toujours une mauvaise sorcière qui contrefait la mère ; son seul désir est d'engraisser l'enfant en le bourrant de nourriture, afin qu'il soit plus appétissant à manger : image épouvantable d'un amour maternel égoïste, étouffant, « dévorant », auquel l'enfant ne voit d'autre issue que l'autarcie et l'indépendance totale[50]. À l'âge adulte, il lui faudra rencontrer une femme chaleureuse, généreuse, rassurante, qui pourra vaincre par son amour la tendance suicidaire latente à laquelle porte cette structure psychique ! Ce sont toujours, à tour de rôle, Hänsel et Gretel qui se libèrent mutuellement des mains captatrices de leur mère-sorcière. Ce n'est qu'en faisant l'expérience d'un amour plus fort que la mort qu'on peut surmonter définitivement l'attirance vers le suicide.

Mais il peut y avoir une autre raison de se supprimer soi-même : le sentiment d'être prisonnier à vie. Au cours de la période d'activité terroriste de la Fraction Armée rouge ou de l'organisation clandestine de l'IRA, on a sans cesse rediscuté du problème de l'alimentation forcée de détenus qui avaient entrepris une grève de la faim pour protester, disaient-ils, contre la terreur psychique et l'inhumanité de leurs conditions de détention. Ils envisageaient consciemment leur mort. Pour autant qu'on puisse en juger, aucune de ces

constamment dépendant corporellement de substances toxiques. En ce qui concerne les différentes drogues et leur effet toxique, voir A. JANOV, *Le Cri primal*, et J. BAECHLER, *Les Suicides*, p. 146 ; 238-240.

50. En ce qui concerne le problème de l'anorexie mentale, voir E. DREWERMANN, *SB*, II, p. 243-247 ; voir aussi E. DREWERMANN-Ingritt NEUHAUS, *Das Mädchen ohne Hände (Grimms Märchen tiefenpsychologisch gedeutet)*, Oltenburg-Fribourg, 1981, t. I.

discussions n'a jamais souligné le fait que la détention elle-même pouvait donner aux terroristes le sentiment de n'avoir plus aucune issue, tout comme dans l'exemple que nous avons donné de la souris sous la cloche de verre devant un leurre de chat[51]. Intérieurement, la seule issue à cette situation serait une modification radicale de toute la vision de la vie. Ce fut ce qui se produisit chez Adolf Speer, à Spandau, lorsqu'il a cessé de considérer son emprisonnement comme une destinée aliénante, pour y reconnaître une punition purificatrice[52]. « C'est encore ainsi que je me vois aujourd'hui », déclarait un ancien officier SS emprisonné en France :

> C'était comme si soudain la haie de fils barbelés du camp s'était transformée en barreaux d'un parc d'enfant ; comme si j'avais alors réappris la vie en repartant de zéro. Je me sentais infiniment libre, au milieu même de ma prison. C'est alors que je devins l'homme que je suis aujourd'hui.

51. R. Bilz déclare : « Un des traits de la punition infligée aux criminels, c'est de les forcer à n'habiter que dans un espace restreint, celui qu'on dénomme "cellule", où ils sont en outre exposés comme en rase campagne à l'ennemi numéro un, l'État, autrement dit à ses représentants : la porte a un judas à travers lequel on peut constamment observer le prisonnier, ce qui, même si le législateur ne l'a pas consciemment prévu, sert à le mater. C'est humiliant, tout comme il est humiliant pour le psychotique de voir le monde entier regarder dans sa chambre » (*Psychotische Umwelt. Versuch einer biologisch orientierten Psychopathologie*, Stuttgart, 1981, p. 85). J. Wagner déclare droit de la personne celui de « sacrifier sa vie par une grève de la faim » *(Selbstmord und Selbstmordverhinderung. Zugleich ein Beitrag zur Verfassungsmäßigkeit der Zwangsernährung*, Karlsruhe, 1975, p. 154-161), et il pense que ce serait s'adonner à un faux humanisme que de prétendre « retenir de se tuer tout le monde et toujours » (p. 163). En ce qui concerne la grève de la faim comme forme de « suicide par chantage » dans le statut d'impuissance et d'infériorité, voir J. Baechler, p. 543-551.

52. A. Speer confesse : « Ma décision de porter la responsabilité pour le régime tout entier n'alla pas sans crises intérieures. La seule possibilité d'y échapper eût été d'éviter le procès en me donnant la mort avant. La nuit, j'avais souvent de vrais accès de désespoir. J'essayais alors, en ligotant ma jambe malade avec une serviette, de provoquer à nouveau une phlébite. Ayant entendu dire, au cours d'une conférence à Kransberg, que la nicotine d'un seul cigare, émietté et dissous dans l'eau, suffisait à provoquer la mort, je me promenais longtemps avec un cigare en miettes dans ma poche. Mais il y a loin de l'intention à l'acte. Je trouvais un grand réconfort dans les services divins dominicaux » (*Au cœur du troisième Reich*, trad. de l'allemand par M. Brottier, Paris, Fayard, 1971, p. 702-703).

C'est aussi ce que Dostoïevski raconte de Dimitri Kara-mazov, prêt à expier une faute qu'il a commise non en réa-lité, mais bien en pensée. Mais ce sont là des « voies d'accès » à une autre dimension, celle de la foi, et on n'en dispose pas toujours pour échapper à la prison de l'âme et du corps.

Le suicide bilan[53].

Toutes les formes de suicide que nous avons considérées jusqu'à présent impliquaient toujours un sentiment global de situation sans issue. Mais il n'en va pas forcément tou-jours ainsi. Dans certaines circonstances, le suicide peut aussi être la conclusion que l'on tire d'un jugement porté de sang-froid ; il apparaît alors comme la meilleure façon de faire face, non à des personnes, mais à un destin faustien.

Il y a une différence considérable entre la fuite dans le sui-cide, telle que la pratiquèrent les grands nazis en 1945 pour échapper aux conséquences inévitables de leurs crimes, et le suicide par lequel on se soustrait à l'emprise d'une vie indi-gne et dégradante dont la seule issue possible est de toute façon une forme de mort violente. On peut citer comme exemples l'attitude de l'inspecteur général de la Luftwaffe, Ernst Udet[54], ou celle du chef d'état-major général de la Luftwaffe, le général Jeschonnek[55], lorsqu'ils eurent saisi l'absurdité totale de la guerre hitlérienne ; ou encore celle du feldmarschall Rommel lorsqu'il prit le poison que lui tendit

53. K. P. JÖRNS s'élève contre la notion de suicide bilan : elle ne conduit « pas seulement à rendre sans aucun doute le suicidé responsa-ble de son acte, mais aussi à donner la possibilité de débarrasser l'entou-rage de toute coresponsabilité, et à ne même pas laisser la question se poser » (p. 38). Mais on peut toujours mésuser d'une notion, même de la plus juste, et cette idée de suicide bilan, telle que nous nous en ser-vons ici, ne saurait absolument pas nous proposer de théorie universelle pour régler le problème du suicide ; elle ne fait qu'en décrire une forme, celle dont le motif subjectif repose sur un jugement selon lequel une situa-tion donnée serait objectivement sans issue.

54. K. ZENTNER, *Illustrierte Geschichte des Zweiten Weltkrieg*, Munich, 1963, p. 360.

55. *Ibid.*

le 14 octobre 1944 le général Burgdorf[56], ou encore celle du feldmarschall général von Kluge, qui, ayant pris conscience du caractère désespéré de la situation militaire, et en dépit de son respect intact pour le *Führer*, exigea de celui-ci la capitulation, et devant son refus, se suicida[57]. Tous se voyaient sur un chemin conduisant définitivement et sans espoir de retour à l'échec de la cause à laquelle ils s'étaient totalement voués.

C'est ainsi que la Bible raconte, elle aussi, la fin du premier roi d'Israël à l'issue de la bataille du mont Gelboë. Ayant dû constater l'échec définitif de ce qui avait été l'entreprise de sa vie — arracher son peuple à la domination philistine —, Saül se tua. Le malheureux avait vu trois de ses fils abattus à ses côtés et une flèche ennemie lui avait déchiré le ventre. Pour ne pas tomber aux mains d'incirconcis qui se joueraient de lui, il ordonna à son écuyer de tirer son épée et de l'en transpercer. Comme l'écuyer refusait, effrayé à l'idée de tuer le roi, celui-ci se précipita sur son glaive, et son écuyer ne put que l'imiter (1 S 31, 4-5).

En de tels moments la mort est déjà certaine, mais le suicide est le signe d'un sursaut du sentiment d'honneur à l'idée d'une fin honteuse. C'est ce même sentiment qui explique le geste du conseiller avisé d'Absalom, Ahitofel. En constatant qu'on n'avait pas suivi son conseil de poursuivre et d'anéantir tout de suite les troupes de David, mais qu'on avait préféré l'idée de Hushaï celle de commencer par rassembler les troupes de Dan jusqu'à Bersabée, il se rendit bien compte qu'on donnait aux troupes d'élite de David le temps de se réorganiser et donc d'être en mesure de battre Absalom ; connaissant suffisamment les méthodes de gouvernement du roi, il savait aussi ce que serait alors son destin : David le ferait exécuter par des agents à sa solde, feindrait hypocritement la fureur, ferait à leur tour exécuter ses sbires et dresserait un magnifique tombeau à son conseiller « fidèle et avisé ». Mais, cette fois, il entendait épargner au

---

56. K. ZENTNER, p. 510-512 ; J. BAECHLER fait fort justement remarquer que la possibilité de se tuer « est un privilège de l'homme doué de conscience » (p. 103). « Par ce privilège, le pouvoir politique réserve [au condamné] une ultime sphère d'autonomie et lui concède au moins l'illusion de la liberté » (p. 521-524).

57. *Ibid.*, p. 510.

roi la farce déjà jouée lors du meurtre du dernier descendant de Saül (2 S 4, 1-12). Il préféra prévenir les décisions de David (2 S 17, 1-23). C'est également ce que fit Hannibal, en se soustrayant par la mort au risque de se voir livré aux Romains qu'il avait combattus toute sa vie. Étant vaincu, il n'avait plus aucune possibilité de continuer la guerre à partir de la Syrie ou de la Bithynie. Que lui restait-il d'autre à faire que de mourir[58]? Dans de tels cas, le suicide est l'expression d'une dignité et d'une grandeur que l'échec le plus catastrophique ne peut ni ne doit pas entamer.

Mais quelqu'un peut aussi en arriver à considérer le suicide-bilan comme inévitable parce que certaines circonstances anéantissent en quelque sorte sa valeur personnelle.

Tel fut le suicide de l'écuyer de Saül. La mort de son maître marquait la fin de tout ce à quoi il avait consacré sa vie, de tout ce qui avait fait son existence, de ce qui le définissait. Avant même de mourir physiquement, il était déjà mort, psychiquement et socialement. Nombreuses sont les cultures où c'est un devoir de se défaire de la vie dès lors que la disparition d'un maître lui a ôté toute valeur. C'est ainsi que quatre-vingts serviteurs suivirent dans sa tombe le roi sumérien d'Ur[59]; cette coutume existe également chez les Chinois[60], et explique aussi la crémation de la veuve chez les Indiens[61]. C'est à juste titre que la morale chrétienne, dans la mesure où elle voit l'essence du péché dans la valorisation absolue de ce qui n'est que relatif, objecte à ces idées et à ces pratiques qu'elles réduisent finalement à une mesure finie une vie humaine appelée à l'infini. C'est ce qui justifie qu'elle n'admette pas le suicide et qu'une société marquée de son empreinte ne puisse jamais faire du suicide (éventuellement collectif) un devoir. Mais, même dans le cadre du christianisme, il n'est pas exclu qu'il puisse exister des situa-

---

58. TITE-LIVE, *Ab urbe condita libri* (Histoire de Rome), XXI-XXX : La guerre contre Hannibal.

59. H. SCHMÖKEL, *Das Land Sumer. Die Wiederentdeckung der ersten Hochkultur der Menschheit*, Stuttgart-Berlin-Cologne-Mayence, 1955, p. 33 et 152. J. BAECHLER énumère d'autres formes institutionnalisées de suicide funéraire (p. 511 s.).

60. A. COTTEREL, *Der erste Kaiser von China* (trad. de l'anglais), Francfort, 1981, p. 129-133.

61. J. BAECHLER, p. 514-518.

tions, par exemple la mort d'un être admiré ou aimé, qui fassent apparaître sa vie comme dépouillée de toute valeur.

La société japonaise, elle, admet, non comme une institution, mais comme le résultat d'un libre choix, le « suicide d'amour » *(oyakushinyu)* ; des êtres qui s'aiment, mais qu'une raison quelconque empêche de vivre ensemble, peuvent préférer aller ensemble à la mort [62]. Reste à bien voir qu'en ce pays la vision de la mort et du suicide diffère totalement de celle qu'en a l'Occident chrétien ; on ne perçoit aucune contradiction entre le fait de vivre dans la piété et la bravoure et le fait de se trouver devant une destinée sans issue. Les dieux du shintoïsme peuvent à tout moment susciter une destinée qui fait apparaître le suicide comme un devoir [63]. Mais on peut aussi se demander si l'on ne trouve pas, parfois, dans le monde chrétien, certaines formes d'impasses dans lesquelles la foi, et plus encore l'amour auquel elle appelle, rend inévitable la démarche suicidaire.

Le cas de Jochen Klepper en constitue un bon exemple. Voilà un homme dont personne n'oserait mettre en doute la foi, le caractère humain, la solidité de caractère, quoi qu'on ait pu écrire sur son complexe paternel et sur son attitude de soumission à l'autorité [64]. On pouvait penser que ce conteur, poète et romancier, si sensible, si doué, si cultivé,

62. En ce qui concerne les suicides amoureux et leurs différents motifs (maladie, deuil, fuite, vengeance), voir J. BAECHLER, p. 278. En Europe, on s'extasie devant ceux que met en scène W. Shakespeare dans *Le Songe d'une nuit d'été* (on y retrouve le thème du Pyrame et Thisbé, d'Ovide), ou dans *Roméo et Juliette*.

63. J. GEBSER note fort justement : « Là où l'Occidental met sa confiance en la force que lui confère Dieu, ou la divinité, et fort de sa certitude et de sa science, ose prendre en main son destin, l'Asiatique vit dans la dépendance d'une destinée toute-puissante » (*Asienfibel*, Francfort, 1962, p. 70). Il décrit également l'absence de sentiment de soi face à la mort : « Quand un Asiatique meurt, ce n'est le plus souvent pas un moi qui meurt : il ne peut ni ne doit craindre la perte de soi, et il ne connaît donc pas la peur. Quand on meurt, c'est d'une certaine façon un membre de la lignée qui disparaît : une feuille tombe de l'arbre, mais l'arbre d'où elle vient demeure » (p. 48). On comprend alors le rituel du hara-kiri. Voir à ce sujet J. BAECHLER, p. 534-535 ; N. DAVIES, *Opfertod und Menschenopfer* (trad. de l'anglais), Düsseldorf-Vienne, 1981.

64. C'est ainsi que M. BIELER écrit au sujet du roman de Jochen Klepper, *Der Vater* : « La raison de l'échec de Klepper, c'est la structure de sa personnalité » (« Hymnus auf einen Schmerzensreichen », *Frankfurter Allgemeine Zeitung*, 31 octobre 1980).

aurait pu trouver dans sa foi la force de surmonter la dépression de l'époque nazie, comme cela avait été le cas certains jours de crises où il s'était mis à douter de lui-même, comme Reinhold Schneider, homme à maints égards fort proche de lui, en dépit de leurs différences confessionnelles. Mais, ce qui fut mortel pour lui, ce fut la menace concernant le sort de son épouse juive, Hanna. Quand il fut évident que sa famille ne pouvait plus espérer émigrer sans être disloquée, il commença à songer à un suicide collectif, par amour. Il n'aurait certainement pas cherché à justifier son acte, et il le considérait même comme coupable ; mais comment ne pas comprendre sa tragédie, et l'inéluctabilité d'une telle faute[65] ? Son dernier espoir était que Dieu lui pardonnerait. Aucun théologien n'a le droit, au nom d'une idéologie fanatique, de s'instaurer comme juge entre l'espérance d'une personne et la justice divine. Arrivé au terme d'un chemin, on peut découvrir qu'on est dans une impasse, et que l'on ne peut plus ni avancer ni reculer. Dans de tels cas, la mort ne résout aucun problème, mais elle tient quitte d'une vie devenue définitivement trop chère.

Pour bien marquer le caractère objectif de ce que peut être une situation sans issue, revenons-en à l'éthologie en rappelant une histoire, sans cesse récurrente dans la nature. Le 17 août 1983, dans son émission *Fauna iberica*, la troisième chaîne de télévision allemande présentait « l'histoire d'un bouquetin » dans la sierra de Cazorla, en Andalousie. Des années durant, ce bouquetin avait dominé sa horde ; il avait jalousement surveillé ses chèvres, alors même que, du fait de l'âge, ses forces commençaient à décliner. Mais bientôt commença la lutte pour sa succession. Le jour de son dernier combat approchait inéluctablement. Comme un chevalier sur la lice, il baissa une dernière fois la tête pour présenter ses cornes et prit la mesure de son adversaire. Alors les deux bêtes se précipitèrent avec fureur l'une contre l'autre. Le vieux bouc eut le dessous. Plein de fierté, le vain-

---

65. Le 12 novembre 1942, J. KLEPPER écrit en guise de commentaire de He 6, 15 : « L'idée de suicide ne me procure aucun repos, aucun sentiment de libération. Nous savons que Dieu a bien des moyens de se mettre en travers d'un tel plan. Mais nous ne croyons pas possible de tenir face à la tentation [...] Il est si indiciblement difficile de vouloir sauver par des moyens humains un être aimé » (*Unter dem Schatten deiner Flügel. Aus dem Tagesbüchern der Jahre 1932-1942*, Stuttgart, 1972, p. 638).

queur avait déjà quitté l'aire de combat, et lui restait là, épuisé, sur le sol, la tête bourdonnant encore des coups terribles de son ennemi. Il ne pouvait plus se relever. Il était perdu. Déjà les loups, ses ennemis rusés et mortels, le guettaient. Quelques bonds soudains, et la bête se sentant perdue se précipita du haut de la pente dans l'abîme. Ce fut une culbute effroyable, que celle de ce chef de horde, une chute sans rebond, un passage du tout dans le rien, en quelques minutes. Dans la nature, il suffit de peu de chose pour mettre fin à une situation devenue sans issue : son caractère impitoyable ne tolère pas qu'on traîne misérablement son impuissance et sa faiblesse. Nous, les humains, nous avons trouvé de nombreux moyens d'adoucir cette dureté de la nature ; mais nous ne devrions pas nous aveugler au point d'oublier que, dans certaines circonstances, nos formes de pitié ne font que provoquer de nouvelles situations sans issue et de nouveaux drames, car nous avons acquis le pouvoir de prolonger la vie souvent bien au-delà des limites psychologiquement et physiquement acceptables. Dans la mesure où, sous prétexte de charité, elles causent des états de contrainte impitoyables, infiniment plus cruelles que la mort dans les conditions naturelles, nous devrions corriger non seulement la nature, mais aussi la phobie de la mort propre à notre culture.

En guise de résumé, nous pouvons tracer le tableau suivant :

La tendance au suicide résulte de l'impression qu'une certaine situation existentielle est sans issue. Ce n'est pas en fonction de l'existence tout entière que le suicidé prend parti ; il ne fait que réagir à une situation concrète désespérée par une régression totale, par une réaction vagale d'ordre suicidaire. Pour la psychanalyse, le propre de cette réaction est que le signal d'effacement de soi vient du moi normalement chargé de contrôler le réel en vue de la survie de l'individu. Il s'agit au fond d'un effondrement du moi qui annonce le suicide. La volonté de vivre sans limite, présente au cœur du ça, mais qui n'est pas appliquée à la préservation de l'individualité, conduit dans certaines circonstances à ce que Freud a appelé le principe du nirvana du ça ; le ça ne veut plus rien voir ni rien entendre, et tend par conséquent à répéter, mais cette fois en reculant, la démarche de la naissance, donc à revenir à une existence prénatale. Le moi se dissout dans le ça. C'est ici que réside le paraléllisme entre le suicide, l'intoxication et la psychose : ce sont trois formes différentes de la résorption du moi par le ça. Le moi se brise sur une situation objectivement ou subjectivement sans issue, et il fuit grâce à cette dernière faveur que lui fait la nature, il fait marche arrière.

Il existe cependant une autre forme de tendance au suicide, elle aussi préfigurée dans le règne animal : elle procède du conflit entre le moi et la norme du groupe, entre le moi et le surmoi. C'est cette forme de suicide que nous allons maintenant examiner.

LE SUICIDE-VAUDOU
LE CONFLIT DU MOI ET DU SURMOI

Parmi les grandes formes d'angoisse déjà présentes au cœur du règne animal, il y a le sentiment de culpabilité, autrement dit le sentiment du danger que l'on court à s'écarter de la norme[66]. Les animaux socialisés sont tenus à un strict respect de certaines formes de vie commune, et ils punissent ceux qui transgressent les règles du jeu en les excluant du groupe. Une mouette s'est-elle maculé les plumes dans une flaque d'huile ? Le premier danger contre lequel elle doit lutter, ce n'est plus la noyade, qui la menace pourtant, mais ses compagnes, qui criblent hargneusement de coups de bec son plumage « hors norme », à l'image des « morsures du remords » qu'éprouvent les humains conscients d'avoir transgressé une règle.

Bien entendu, chez l'homme, l'angoisse provoquée par la culpabilité ne vient pas seulement de la peur d'être découvert et puni par le groupe. Sa capacité à se représenter et à prévoir remplace la punition du groupe par une sorte de causalité spirituelle rétributrice exercée et garantie par certaines puissances divines ou démoniaques. Les esprits punissent sans indulgence les violations des tabous qui expriment sans discussion possible l'ordre social et religieux de la tribu. La

___

66. Voir à ce sujet E. DREWERMANN, *SB*, II, p. 223-226, où la réflexion porte plus particulièrement sur les conclusions concernant la mort à la vaudou et l'angoisse existentielle, celle que présente R. BILZ, dans *Paläanthropologie*, Francfort, 1971, p. 442-447.

meilleure preuve de la justesse de cette loi en est que les coupables meurent effectivement toujours « à la vaudou », avant même que quelqu'un ait pu déceler le forfait et qu'on ait donc pu le juger[67]. La mort « à la vaudou » est un pur phénomène d'angoisse. Le délinquant ressent si fortement l'imminence du malheur qu'il perçoit la situation comme sans issue, d'où une réaction analogue à la régression de la vagotonie, et qui débouche sur la mort. Dans la mesure où l'individu se sent vraiment partie prenante, on peut aussi dire que le suicide résulte d'une angoisse de culpabilité mortelle.

On trouve des cas de ce genre dans l'Ancien Testament aussi bien que dans le Nouveau.

Dans les Actes des Apôtres (Ac 5, 1-11)[68], il est raconté qu'Ananias et Saphira ont entendu l'appel des Douze à apporter tous leurs biens à la communauté, mais ils en ont secrètement gardé une partie. Pierre, celui-là même qui a trahi le Seigneur, adresse alors à Ananias, son frère dans la foi, une parole sans aucune indulgence : « Pourquoi Satan a-t-il rempli ton cœur ? Tu as menti à l'Esprit Saint. » En entendant ces mots, Ananias tomba et expira. Mais Pierre se montre encore plus terrible envers la pauvre Saphira en lui jetant ces mots à la figure : « Voici à la porte les pas de ceux qui ont enterré ton mari ; ils vont aussi t'emporter. » Et à l'instant même elle tombe à ses pieds et expire. Une

---

67. L. Lévy-Bruhl insiste sur le caractère immédiat de la punition qu'entraîne le viol d'un tabou, même s'il est commis inconsciemment et sans intention (*L'Âme primitive*, Paris, PUF, 1963).

68. Pour H. Conzelmann, la péricope n'est pas historique. Il met la punition miraculeuse en relation avec 1 R 14, 1-18, où la menace du prophète Ahiyya contre Jéroboam s'achève par la mort de l'enfant. Il rappelle par ailleurs les actes du jugement sacré de Qumrân, 1 Q S II, 4-8 : « Les lévites maudiront tous les hommes de la tribu de Belial ; ils se lèveront et diront : "Maudit sois-tu pour tous les crimes dont tu es coupable ! Que Dieu te poursuive de sa frayeur à travers tous ceux qui exerceront leur vengeance ; qu'il dispose ta destruction à travers tous ceux qui te compteront ton salaire. Maudit sois-tu sans pitié, conformément à la ténèbre de tes œuvres, et damné sois-tu dans l'obscurité du feu éternel. Que Dieu ne te fasse pas grâce, quand tu en appelleras à lui, et qu'il ne te pardonne pas, en te dispensant d'expier ta faute" » (*Die Apostelgeschichte*, Tübingen, 1963, t. VII, p. 39 ; voir J. Maier, *Die Texte vom toten Meer*, I, 23). La pratique s'appuie sur Dt 27, 14 s. et montre combien l'esprit de Qumrân était vivant dans l'Église primitive. « L'histoire s'esquisse à partir d'une idée de puissance magique et collectiviste du groupe » (H. Conzelmann, *ibid.*).

grande crainte s'empara alors de l'Église. On tint naturellement la mort du malheureux couple pour un jugement divin. Cependant, dès que l'on cesse de confondre Dieu et l'angoisse humaine, on ne peut plus penser qu'Ananias et Saphira sont tombés sous le coup de son jugement, mais seulement sous celui d'une angoisse de culpabilité mortelle dont Pierre a su manifestement se servir dans sa mise en scène, cela en parfaite contradiction avec le pardon que le Seigneur lui avait lui-même accordé. La crainte qui s'empara de la communauté fut l'instrument qui tua les deux coupables, et cette double mort engendra en retour cette crainte qui conférait à la personne des apôtres un caractère tabou, en même temps qu'un droit de contrôle absolu sur la communauté et une autorité quasi divine. Cependant cet événement étrange s'explique entièrement par l'automatisme objectif par lequel la faute débouche sur l'angoisse et l'angoisse sur la mort.

La mort « à la vaudou » est donc essentiellement une violence intériorisée. C'est bien ce que l'on constate dans l'Ancien Testament : quand Ackân, fils de Karmi, détournait une partie des biens consacrés, il enfreignait en même temps un tabou. Car les biens consacrés sont promis à Dieu (interdits). C'est pourquoi la colère de Dieu s'enflamma jalousement contre Israël et se manifesta clairement lors du combat contre Aï. Heureusement on découvrit le « coupable » et le peuple le lapida. L'exclusion de la victime hors du groupe compensa la violation du tabou et calma la fureur divine. Aujourd'hui encore (raconte le rédacteur du livre de Josué), on trouve dans la vallée d'Akor le monceau de pierres accumulées sur Ackân (Jos 7, 1-26).

Dans le cas de la mort « à la vaudou », ce que l'Ancien Testament raconte sous la forme d'une exécution s'accomplit, dans le délinquant lui-même : la peur mortelle est déjà le prélude à l'exécution, et elle la rend tellement présente dans l'esprit du délinquant que la vie s'effondre d'elle-même à cause de ce sentiment d'impasse. Le coupable se voue vraiment de lui-même à la mort, et le moi n'a même pas à intervenir ; le processus se déroule d'une certaine façon objectivement, de manière totalement autonome. C'est en cela que réside son caractère démoniaque ou divin.

Il n'est nul besoin ici que la personne concernée se sente subjectivement en dette : seule compte la faute objective qui concerne immédiatement la société tout entière. La punition est en elle-même objective, et elle est infligée à la collectivité. Il suffit au Dieu de l'Ancien Testament que les fils de Yekonya ne se réjouissent pas suffisamment à la vue de l'arche qu'on amène à Beth-Shémesh pour faire périr quarante personnes (1 S 6, 19). Et, dans la procession menée par David pour reconduire l'arche du sanctuaire de Balaa, en Juda, à Jérusalem, le pauvre Uzza, qui danse à côté de l'arche, est frappé par Dieu parce que, dans sa bonne volonté, il a voulu retenir de la main le chariot que renversaient les bœufs emballés (2 S 6, 4-8). David lui-même fut fâché de voir avec quelle dureté son dieu punissait cette violation du tabou interdisant de toucher le sanctuaire ; c'est pourquoi, dit le texte, le dicton populaire donne encore le nom de Pérèç-Uzza, la brèche de Uzza, à l'aire de Nakôn où eut lieu l'événement. Ainsi la mort « à la vaudou » revêt la forme d'une caricature de la *justitia*, sans comparution de la personne. Elle est en quelque sorte un suicide par angoisse de culpabilité sans qu'intervienne aucun soi pour accomplir la sentence. Elle est une manière de se suicider par remords, avec cette particularité que la psychodynamique en jeu ressort nettement d'un automatisme archaïque qui lui est propre.

Le suicide pour raisons de conscience comporte trois éléments : un moi, qui doit être assez développé pour avoir une réaction individuelle ; une norme, dont la violation met fondamentalement en danger l'existence du moi dans le cadre de la société ; enfin, une instance représentant dans le sujet cette norme de façon relativement indépendante de l'entourage social, donc un surmoi suffisamment dégagé de toute compromission pour mettre le moi dans l'impasse. Il ne s'agit pas ici d'une contradiction entre les intérêts vitaux du ça et son blocage dans la réalité reflétée par le moi, mais de celle qui existe entre la morale intériorisée de l'entourage et un moi qui, en dépit de ses efforts, ne voit plus d'autre issue que de s'incliner devant le verdict que rend le surmoi : celui de culpabilité méritant la mort.

Autre exemple tiré du Nouveau Testament : le suicide de Judas. Quelles que soient les raisons qui ont poussé ce disciple à trahir Jésus son Seigneur, que ce soit pour le forcer à confesser sa qualité de messie[69] ou pour mettre fin au conflit entre les fidèles de la synagogue et la prédication anti-légaliste de Jésus[70], il ne peut pas avoir voulu le résultat de sa trahison : l'exécution de son maître. Tout au contraire, il a sans doute tant aimé Jésus, s'est tant identifié à sa destinée, et l'a tant intériorisé comme instance morale, que sa mort le fait sombrer dans un sentiment mortel de culpabilité (Mt 27, 3-5). Une autre tradition, celles des Actes des Apôtres (1, 18) dont le contenu contredit la première en laissant entendre que Judas ne se serait pas lui-même ôté la vie mais aurait été victime d'un accident, montre combien nous sommes proches de l'automatisme de la sanction de la « mort-vaudou » ; saint Pierre l'interprète comme un jugement manifeste de Dieu, une ordalie[71].

C'est précisément dans le suicide de Judas que la tradition dogmatique de l'Église a voulu voir le signe du rejet du « traître ». Pierre a regretté son acte, et il a fait confiance à la miséricorde divine ; Judas, au contraire, en a douté, et ce manque de confiance l'a chargé d'une seconde faute encore plus grave que la trahison[72]. Cette façon de voir les choses ne rend certainement pas subjectivement justice à la personne de Judas (ni aux personnes qui sont dans le même cas). Elle ignore par trop les sentiments de respect, de souffrance, de fidélité et de dépendance, disons même de compassion à l'égard de la victime de la faute qu'on a commise, et elle donne l'impression d'une morale peu sensible,

69. Voir par exemple R. K. GOLDSCHMIT-JENTNER, *Die Begegnung mit dem Genius, Darstellungen und Betrachtungen*, Hambourg, 1954, p. 256-276.

70. Voir E. STAUFFER, *Jesus, Gestalt und Geschichte*, Berne-Munich, 1957, p. 63-65 ; le même auteur justifie le devoir de traduire Jésus devant le sanhédrin comme transgresseur de la loi : *Jerusalem und Rom im Zeitalter Jesu Christi*, Berne-Munich, 1957, p. 113-122.

71. On a aussi ici des échos de Qumrân, 1 Q S I, 10-11, qui donne l'ordre d'aimer les fils de lumière « chacun selon son lot, dans la communauté de Dieu, et de haïr tous les fils de ténèbres, chacun selon sa dette dans la colère de Dieu » (CONZELMANN, p. 24).

72. Ainsi AUGUSTIN : « Si nous abhorrons à juste titre l'acte de Judas, si la Vérité se prononce qu'en se pendant il a, loin de l'expier, aggravé le forfait de son exécrable trahison, puisque, en désespérant de la miséricorde divine, il s'est fermé par son funeste remords toute voie à une salutaire pénitence, à combien plus forte raison doit s'abstenir du suicide celui qui n'a rien à punir en soi par un tel supplice » (*La Cité de Dieu*, p. 247-249).

superficielle — en définitive, celle du type « Pierre », qui
prend le dessus, avec son activisme vantard aussi bien
qu'avec sa lâcheté mi-figue mi-raisin, avec sa trahison de
peureux et ses larmes pitoyables, un constant « mais
encore », incapable de prendre une décision radicale, que ce
soit celle du péché ou celle de la foi. À cette morale, on peut
reprocher son caractère affecté et mensonger (Ga 2, 11-14),
alors qu'elle pousse à une franchise rigoureuse à l'égard des
autres (Ac 5, 1-11). Confrontés à elle, les Judas donnent
l'impression d'être plus sympathiques, plus sensibles, plus
courageux, plus engagés. Comme toujours lorsqu'il s'agit de
vraies questions existentielles, leur problème relève de la destinée, de l'*imbroglio* tragique, et il se situe donc à un niveau
tel qu'on ne saurait plus y faire intervenir un reproche moral.

En même temps, sur le plan existentiel, on ne peut que justifier le souci du moraliste chrétien, lorsqu'il désavoue le suicide du surmoi. Pour comprendre le point de vue théologique
sur cette question, il faut commencer par mettre en évidence
particulièrement ses présupposés psychologiques. Cela permet alors de saisir les images de l'homme qui leur sont sous-
jacentes, qui s'expriment dans l'interdit chrétien sur la
« mort-vaudou », et dont le monde chrétien lui-même souvent ne se rend pas compte.

Quand on pense pouvoir demander formellement à une
personne coupable de recourir à la foi pour ne pas se laisser submerger par sa faute, cela revient à attendre d'elle une
maturité personnelle qui permet au moi de se différencier
suffisamment du surmoi ; cela pose aussi le problème de la
distance qui sépare le point de vue de la moralité générale
et celui de l'existence individuelle. Tandis que l'idéalisme
allemand, avec Kant[73] et Hegel[74], arrivait à justifier par des

73. KANT fonde le droit pénal sur le « principe d'égalité » : « Le mal
immérité que tu infliges à un autre dans le peuple, tu te l'infliges à toi-
même » ; (*Métaphysique des mœurs, Œuvres complètes*, Gallimard
« Bibl. de la Pléiade », t. III (p. 602). C'est le fait extérieur qui détermine la mesure de la punition. C'est ainsi qu'il définit l'opposition du
marquis Beccaria à la peine de mort : « sensiblerie sympathisante d'une
humanité affectée » (p. 605). La contradiction en la matière est d'autant
plus grande que, dans sa *Critique de la raison pure*, KANT déclarait : « La
moralité propre des actions (le mérite et la faute) — et même celle de
notre propre conduite — nous demeure donc tout à fait cachée. Nos

arguments rationalistes la sanction portée par la morale sociale (y compris la peine de mort) à l'égard du coupable, la théologie morale chrétienne réagit contre ce principe de la punition sanctionnant automatiquement la culpabilité. Entre les deux conceptions, il y a la réalité de Dieu vers lequel le coupable peut se tourner, en qui il peut se retrouver. La personne de Dieu délivre l'individu de la dissolution dans l'universel éthique. Dieu, qui n'est pas identique à l'ensemble des règles morales, reconnaît le coupable comme son enfant, et l'accueille et lui pardonne toujours. Il va donc bien au-delà d'un concept rigide de « justice »[75]. C'est avant tout cette confiance absolue que Jésus entendait enseigner par ses discours et son comportement, lui qui se sentait appelé, non auprès des forts et des éternels justes, mais auprès des malades et des pécheurs (Mt 9, 12-13). C'est dans cette perspective qu'on doit entendre le verdict de la théologie morale condamnant le suicide par angoisse de culpabilité. C'est un appel courageux, généreux et compréhensif à résister à la peur, comme une façon de rompre avec la sanglante magie de la mort dont nous trouvons encore trop de traces même dans l'image du Dieu de la Bible, et une invitation à une confiance qui ne se fonde plus sur l'accord avec

imputations ne peuvent se rapporter qu'au caractère empirique. Jusqu'à quel point faut-il en attribuer l'effet pur à la liberté, ou à la nature et aux vices involontaires du tempérament ou à ses heureuses dispositions (mérite, fortune), c'est ce que nul ne saurait découvrir ni par conséquent, juger avec une pleine justice » (*Critique de la raison pure*, trad. Tremesaygues et Pacaud, Paris, PUF, 1971, p. 404). Dans ces conditions, les décisions juridiques ne peuvent que faire fonctionner automatiquement la loi, sans jamais pouvoir ni vouloir rendre justice à la personne, ce *jus talionis* pouvant alors détruire du même coup son existence physique ou psychique.

74. HEGEL déclare que, dans un arrêt officiel de justice, l'instance qui sanctionne n'est pas la partie lésée, comme c'est le cas dans la vengeance, mais « l'universalité offensée » ; la sanction cesse donc d'être vengeance et se transforme en « authentique réconciliation du droit avec soi-même », autrement dit en punition ; voir *Principes de la philosophie du droit*, § 220 ; trad. A. Kaan, Paris, Gallimard, coll. « Idées », 1940, p. 247.

75. Voir à ce sujet E. DREWERMANN, *SB*, III, p. 101-118 ; 144-148, où l'auteur montre que ni pour saisir la culpabilité de l'homme ni pour rendre possible sa rédemption, on ne doit comprendre la notion de « Dieu » comme universalité de la raison dans la nature ou dans la société.

l'éthique sociale et avec le point de vue de l'universel éthique. Il est impossible de traduire plus magnifiquement la conviction du pouvoir absolu de la grâce toujours présente en arrière-plan de l'existence humaine.

Mais il faut être prudent. Tout ce qu'on peut savoir avec certitude sur la possibilité et la nécessité de la grâce devient faux quand, au lieu de se maintenir dans le domaine de la liberté, de respecter cette possibilité de reprendre goût à la vie, on renforce la pression morale en brandissant la menace d'une nouvelle punition, cette fois absolue[76]. Autrement dit, pour celui qui a appris à se confier en Dieu, il ne devrait plus y avoir de place pour aucun perfectionnisme moral, pour aucun sadisme dépressif-obsessionnel du surmoi. Mais c'est pourtant ce qui se produit en fait dans l'Église lorsqu'elle transforme sa prédication sur le pardon et la bonté divine en catalogue de reproches et d'auto-accusations sans fin : si Dieu est si bon, combien l'homme, autrement dit l'individu pécheur, est infiniment mauvais, et si c'est par amour que Dieu nous a livré son Fils sur la croix, comme nous devons l'aimer et lui offrir notre vie ! Mais si cette offrande tissée d'angoisse et d'un sentiment de culpabilité pèse finalement trop lourd sur celui qui est en dépression, il a le sentiment que c'est de nouveau Dieu qui vient le menacer de l'enfer éternel pour s'être rendu coupable d'avoir seulement pensé au suicide. Quelle vie mènent alors à la fin les chrétiens qui « traînent » derrière eux leur existence parce que « Dieu », après leur avoir interdit toute joie de vivre, tout épanouissement de soi, toute autonomie, les prive de toute liberté de mourir sous peine de tortures éternelles !

Quand on en arrive à pervertir à ce point la foi chrétienne en transformant en moralisation constante une expérience encore balbutiante et bienfaisante de la grâce, en affirmant

---

76. K. P. JÖRNS met très justement en garde contre une fausse théologie de la croix sur laquelle on en arriverait à fonder une éthique légaliste. « En intériorisant des lois qui doivent être appliquées, elle crée une pression religieuse telle que personne n'est plus capable d'y satisfaire. Et, du fait qu'on intériorise cette pression comme venant, non de quelqu'un, mais de Dieu lui-même, elle s'exerce avec d'autant plus de force qu'elle peut conduire à passer de la perspective ouverte par l'espérance d'une vie au-delà de la mort à l'attente de l'"enfer" » (*Nicht leben und nicht sterben können*, p. 118).

sans nuances des maximes *a priori*, la vie de l'homme est comparable à l'établissement décrit par Kafka dans *Le Procès*[77], ou dans *La Colonie pénitentiaire*[78]. On se refuse certes à s'infliger soi-même le supplice mais il n'en est que plus extérieur, et on se sent prisonnier des rouages qui se resserrent toujours plus. Dans cette image ambivalente et œdipienne de Dieu, c'est avant tout la *sexualité* qui constitue l'instrument d'une torture incessante. La machine infernale de *La Colonie pénitentiaire* de Kafka, avec son lit oscillant, sa herse à aiguilles, son tampon qui s'enfonce dans la bouche, n'est, dans tous ses détails, que la réplique obscène d'une relation sexuelle dans laquelle le rôle de l'homme se transforme, sur le mode de la castration, en un comportement de femme. C'est encore heureux si, à la fin, le délinquant arrive à comprendre le pourquoi de son exécution. Il ne saisit en réalité presque rien, et il reste à espérer que tout l'« appareillage » de la conscience sadique finira un jour par se dérégler de lui-même et par anéantir le bourreau. Les sentiments de culpabilité ne sont jamais aussi mortels que lorsqu'ils s'opposent aux forces les plus actives de la vie, comme l'amour, et lorsqu'ils en arrivent même à les placer entièrement sous le signe de l'interdit et de la menace de punition ; les seules conséquences possibles sont la haine de soi, le dégoût de la vie et, à la lettre, la volonté de « s'arracher à son corps ». Mais reste toujours sans réponse la question que pose la psychanalyse freudienne : comment réaliser dans l'Église ce que selon la théologie on devrait y vivre, à savoir : la synthèse de l'amour de Dieu et l'amour de

---

77. Franz KAFKA décrit en ces termes le manque de force pour accomplir le suicide auquel contraint pourtant le surmoi : « K. savait très bien maintenant que son devoir eût été de prendre lui-même l'instrument qu'il passait au-dessus de lui de main en main et de se l'enfoncer dans le corps. Mais il ne le fit pas, au contraire ; il tourna son cou encore libre et regarda autour de lui. Il ne pouvait pas soutenir son rôle jusqu'au bout, il ne pouvait pas décharger les autorités de tout le travail ; la responsabilité de cette dernière faute incombait à celui qui lui avait refusé le reste de forces qu'il lui aurait fallu pour cela » (*Le Procès*, trad. A. Vialatte, Paris, Gallimard, coll. « Folio », 1933, p. 325). Le dilemme est posé une dernière fois dans sa totalité : c'est à l'ensemble de l'existence qu'on reproche d'être fondamentalement coupable, mais l'homme ne peut être coupable de fond en comble.

78. F. KAFKA, *La Colonie pénitentiaire*, trad. A. Vialatte, Paris, Gallimard, coll. « Folio », 1948.

l'homme, de l'âme et du corps, d'un don passionné de l'âme et d'une pureté totale d'intention ? Ce qui devrait former un tout organique se trouve toujours *de facto* réparti sur deux étages, et la simple séparation de la « foi » et de l'« expérience », de la théologie et de la psychologie, constitue en elle-même un élément qui peut porter au suicide.

Il faut bien comprendre que cette décision, de caractère inconditionnel, est prise plus particulièrement par les gens qui prennent au sérieux leur relation à Dieu. En un sens, cette piété vécue n'est pas seulement la forme la plus confiante d'une vie partagée entre « l'incertitude et l'audace », mais elle est aussi la plus risquée. Dès le départ, le prophète Jérémie sentait qu'il n'était pas à la hauteur de la mission divine (Jr 1, 6) ; seul et incompris, il n'en doit pas moins annoncer son message en s'opposant à tous, prêtres, prophètes, généraux et rois (Jr 20, 7-9). Incapable de faire barrage à la parole divine, il se sent en même temps incapable de la transmettre, et le désespoir qui résulte de ce conflit le pousse finalement à maudire le jour de sa naissance (Jr 15, 10). De même Tobit, devenu vieux et aveugle, supplie Dieu de lui faire la grâce de le laisser mourir, quand, au terme d'une existence consacrée à la justice, il se trouve lui-même soumis aux insultes arrogantes de ceux qui imputent un crime à son équité (Tb 3, 1-6) ; au même moment, dans la lointaine Ecbatane, la jeune Sara prie pour mourir, parce que, du fait du lien étroit qui l'attache à son père Ragouël, sa fidélité et son équité ont changé son amour en sadisme destructeur d'hommes (Tb 3, 7-15). Quand le prophète Jonas doit reconnaître que Dieu contredit son propre message, il se sent trompé et préférerait mourir (Jon 4, 3). Job, le pieux, qui est prêt à supporter tout ce que Dieu lui envoie, doit finalement laisser dire par sa femme que, malgré toute sa piété, il ne lui reste plus qu'à maudire Dieu avant de mourir dans la honte (Jb 2, 9) ; et il éclate finalement lui-même en reproches violents contre Dieu, déclarant qu'il hait la vie et qu'il ne comprend rien au monde (Jb 3, 3 s.). Or, non seulement Dieu ne délivre apparemment pas son fidèle du désespoir, mais souvent il le provoque ; et celui qui croit pouvoir répondre à cette remise en cause radicale de toute l'existence par des arguments spécieux touchant une « certitude » de « la foi », jamais mise à l'épreuve, risque fort de ressembler à ces amis de Job qui pensent pouvoir se soustraire à l'aventure divine en récitant des formules de foi apprises par cœur. C'est pourquoi le véritable désespoir est justement plus pathétique devant Dieu que l'entêtement d'un surmoi « convaincu » une fois pour toutes que jamais Dieu ne pourra reconnaître dans le suicide une dernière issue.

Mais la véritable difficulté du conflit entre le moi et le surmoi surgit quand justement pour se conformer à la morale, le moi se voit poussé à tirer les conséquences d'une faute dont la gravité semble croître de jour en jour. Nous avons la description d'un cas de ce genre dans le roman de Graham Greene, *Le Fond du problème*, où le major Scobie se suicide parce qu'il voit bien que son affection ne saurait apporter le bonheur ni à sa femme, ni à la jeune fille pour laquelle il s'est pris d'amour : quoi qu'il veuille faire, il se sent coupable et il ne cesse de se rendre à nouveau coupable. Il lui paraît finalement préférable de faire croire à sa femme qu'il a succombé à une mort subite, plutôt que de détruire la confiance qu'elle a mise en lui pendant des années, en lui faisant une franche confession susceptible de lui ôter définitivement toute joie de vivre. Le suicide lui paraît alors la seule issue pour échapper à une faute avec laquelle il lui est impossible de continuer à vivre[79].

De façon différente, mais sur un thème similaire, Léon Tolstoï décrit dans *Anna Karénine* la fuite de Vronski dans la guerre. Lorsque, à la fin de la tragédie, s'étant heurté à l'étroitesse de la morale ecclésiastique en matière de mariage, au pharisaïsme fanatique de monsieur Karénine, à la démesure de l'amour d'Anna, comme mère et comme amante, mais plus encore à la versatilité et à la médiocrité de son propre caractère, il doit lui-même confesser : « Oui, comme soldat, je peux encore être bon à quelque chose. Mais comme homme, je suis fini[80]. » C'est alors que, désespéré de trouver au moins une issue « utile », il se décide à mourir de manière méritoire. « Comme homme, je peux encore servir parce que la vie n'a pas de valeur pour moi... Je suis heu-

79. G. GREENE, *Le Fond du problème*, trad. M. Sibon, Paris, Robert Laffont, coll. « Pavillons », 1975 ; rééd. coll. « Bouquins », 1981. En ce qui concerne la discussion de ce cas, voir E. DREWERMANN, *Psychanalyse et théologie morale*, t. II, p. 52-54.

80. L. TOLSTOÏ, *Anna Karénine*, Paris, Éd. du Livre de poche, 1951, t. II, p. 431.

reux d'avoir trouvé une cause à laquelle je puis offrir ma vie, cette vie dont je n'ai que faire et qui me pèse. Elle sera au moins utile à quelqu'un[81]. » Combien d'« actes héroïques » ont ainsi été accomplis qui ne sont que des sacrifices résultant d'un sentiment de culpabilité, donc des suicides déguisés, des façons de se soulager après coup de cet insupportable sentiment de faute ? Si la vie semblait déjà inutile, et qu'il faille en plus la gaspiller définitivement, comment ne pas chercher, au moins dans la mort, à poser un geste porteur de sens, un acte justificateur et réparateur ? C'est ce que le comte Vronski paraît penser rétrospectivement. Et qu'en est-il d'Anna, lorsqu'elle met fin à sa malheureuse existence ? Elle s'est tournée vers le colonel Vronski, avec passion et sans conditions. Il est tout pour elle, et elle lui a voué toute son existence ; mais elle vit dans une société qui n'admet pas de la voir échapper à la toute-puissante Destinée qui a voulu pour elle un mariage routinier, sans chaleur ni amour, avec ce névrosé de Karénine. L'Église et l'État lui ont interdit le divorce désiré. Elle vient d'offrir avec ardeur à Vronski tout ce qui lui reste de vie ; et voici qu'elle découvre que ce dernier est incapable de répondre à ce trop-plein d'amour en se vouant à elle corps et âme. Vronski est totalement dérouté devant l'angoisse de cette femme affamée de vivre, rejetée et méprisée de la société, condamnée au célibat et à la solitude, et il comprend encore moins comment l'amour désespéré d'Anna peut se changer peu à peu en haine désespérée la conduisant à se détruire elle-même. « À moi la vengeance et la rétribution » a mis en exergue de son roman Léon Tolstoï, citant textuellement la parole de Dt 32, 35, qui s'applique à la perfection à la façon dont Anna et Vronski tentent d'échapper à leur faute tragique.

Dans *Les Souffrances du jeune Werther*, Goethe fait dire à Albert, cet homme étroit d'esprit et dépourvu de toute sensibilité, mais probe et correct dans son indifférence, qui se trouve être l'époux de Lotte, cette femme si proche de Werther, et qu'il aime par-dessus tout :

> La nature humaine a ses limites ; elle peut supporter la joie, la peine, la douleur, jusqu'à un certain point, elle succombe quand ce point est dépassé. La question n'est donc pas de savoir

---

81. Tolstoï, p. 431.

si l'on est fort ou faible, mais si l'on peut supporter le poids de sa souffrance. Maintenant, cette souffrance peut être morale ou physique, et je trouve aussi étonnant de dire qu'un homme est lâche parce qu'il attente à sa vie, qu'il serait absurde de dire qu'on est lâche, parce qu'on meurt d'une fièvre maligne[82].

La parution du *Werther* de Goethe, qui contenait une critique pénétrante de l'incompréhension de l'Église concernant tous les problèmes du cœur, y compris celui du suicide, déclencha une épidémie de suicides. Mais le livre n'atteignit pas l'objectif visé qui était la transformation de la conception morale chrétienne au profit d'une unité plus profonde entre le sentiment et la raison, et d'une sincérité et d'une tolérance plus grandes face aux désarrois et aux tragédies de l'existence. Werther, lui aussi, se suicide par sentiment du devoir : son suicide évite la mort d'Albert, son digne-indigne concurrent[83]. Mais, et c'est la question que doit se poser tout lecteur de cette œuvre de jeunesse de Goethe, qu'est-ce donc que ce devoir qui transforme tous les sentiments d'amour et de fidélité, « ces sentiments les plus beaux de l'homme », en violence et en désir de meurtre[84] ? D'autant que le suicide en conscience n'est souvent que le symptôme le plus désespéré du caractère pétrifié, quasi sépulcral, d'une morale qui, dans sa peur, sa méfiance et son rejet de tous les sentiments, a pour règle de « mortifier » la vie à sa racine, pour reprendre une expression habituelle, mais équivoque, de l'ascèse chrétienne.

Mais pour qu'un tel développement fut possible, il a fallu commencer par réduire l'image divine à un fastidieux inventaire de lois morales rigides, autrement dit, conférer à la morale une autorité absolue qui vient usurper celle de Dieu. Il faut dire, à la décharge de la théologie morale chrétienne, que, par son propre moralisme, elle a sans doute préparé ce glissement, mais qu'elle ne s'y est jamais totalement résignée. L'époque des Lumières, celle de la Révolution française, mais aussi la mentalité du début du XIXᵉ siècle, nous ont offert un exemple particulièrement effrayant de ce qui pou-

---

82. GOETHE, *Les Souffrances du jeune Werther*, trad. J. Aynard, Paris, Payot, 1926, p. 138.
83. *Ibid.*, p. 308.
84. *Ibid.*, p. 289.

vait arriver, dès lors qu'on identifiait Dieu à cette raison objective qui trouva finalement son aboutissement dans la raison d'État. La personne fut dès lors transformée en victime chargée d'exécuter la morale absolue. Dans les cercles dirigeants de la société, l'« honneur », autrement dit la réputation fondée sur l'intégrité morale, se trouva promu au rang de valeur supérieure, et on fit du duel la forme la plus spectaculaire et la plus répandue du suicide dû au surmoi[85]. « Dans la société, la haine de l'ennemi vit dans l'angoisse panique de la fausse honte », écrivait Pouchkine, dans son drame en vers *Eugène Onéguine*[86], pour commenter le duel, totalement absurde, entre Onéguine et Lenski. Mais il s'inclina lui-même tragiquement devant cette « fausse honte ». Même si ce fut avec peu de succès, l'Église interdit toujours le duel comme une atteinte injustifiée contre le cinquième commandement, mais elle n'a pas assez clairement stigmatisé l'origine du mal qui est d'avoir reconnu et admis dans l'« honneur », le « devoir » et la « volonté » les vertus maîtresses qui font un « bon » citoyen et un « bon » chrétien.

Le contenu social de la notion d'honneur ne cesse de se transformer au cours des siècles ; aujourd'hui, il est synonyme de succès, de carrière, de rendement : la possession du pouvoir et de l'argent est plus importante que, disons, celle de la femme, à l'époque victorienne. Mais, à l'heure actuelle, les duels suicidaires, les combats à mort, n'ont fait que croître, comme le montre bien le nombre des infarctus.

Il faut clairement marquer la différenciation entre la morale et la religion et faire pièce à toutes les confusions à leur propos. Il y a un niveau d'existence qui exige que nous

---

85. KANT, Bien qu'il ne tienne pas le duel pour un meurtre *(homicidium dolosum)*, il y voit cependant une mise à mort allant à l'encontre de la loi ; il déclare : « La législation publique elle-même, aussi longtemps qu'elle restera barbare et inculte, est responsable de ce que dans le peuple (subjectivement) les mobiles de l'honneur ne cherchent pas à s'accorder avec les mesures qui (objectivement) sont conformes à sa visée, en sorte que la justice publique émanant de l'État est une *injustice* en regard de celle qui émane du peuple » (*Métaphysique des mœurs*, dans *Œuvres philosophiques*, Gallimard, « Bibl. de la Pléiade », t. III, p. 608). Cette condamnation kantienne du duel n'a guère eu d'effet pendant un siècle.

86. POUCHKINE, *Eugène Onéguine*. En ce qui concerne l'institution du duel, voir J. BAECHLER, *Les Suicides*, Paris, Calmann-Lévy, 1975, p. 577-583.

devenions un « individu », au sens où l'entend Kierkegaard, et il y en a un autre, celui de l'éthique, qui nous demande d'être un « individu universel », au sens où l'entend Hegel. Entre ces deux niveaux, il faut vraiment faire un saut existentiel absolu, et leur relation, absolument imperméable à toute médiation dialectique, est de nature parfaitement paradoxale. Si on méconnaît cette différence qualitativement infinie de l'existence humaine en posant comme identiques l'éthique et la religion (allant même, comme le fait Kant, jusqu'à réduire l'une à l'autre[87], sans parler de la synthèse dialectique), on ne doit pas s'étonner qu'une religion ainsi définie se montre incapable de résoudre le problème du suicide dû au surmoi : cette incapacité va même formellement de soi dès le commencement. La possibilité du salut, et même la nécessité *tragique* de la faute, au sens éthique du terme, ne constituent pas seulement une « antinomie de la liberté », ainsi que le pense N. Hartmann[88], mais la condition même pour que l'existence soit possible. La religion procède de ce fait que l'éthique ne saurait ni comprendre ni admettre. La faute, définie par elle comme péché, rend l'homme incapable du bien et lui ferme « la route de l'élévation morale ». La religion accepte de reconnaître que le problème de la faute constitue une impasse, comme le problème du fini, mais elle ne peut le faire qu'à condition de ne pas s'abaisser au niveau des catégories du fini, donc de l'éthique, et de refuser de sacrifier la libération, la rédemption de l'individu, au profit du caractère universel de l'Église ou de la société.

LE SUICIDE COMME MORT SACRIFICIELLE
OU LE CONFLIT ENTRE LE MOI ET LA RÉALITÉ

Pris au sens strict, le suicide causé par le surmoi consiste en ce que le moi se sacrifie en faveur du surmoi, donc en faveur d'une surestimation des valeurs morales de la société que représente ce surmoi. Ce qui différencie ce suicide du véritable sacrifice de soi, c'est son caractère totalement narcissique ; c'est la peur de se voir définitivement privé

---

87. En ce qui concerne la réduction kantienne de la religion à l'éthique, voir E. DREWERMANN, *SB*, III, p. 7-8 ; 18-24.
88. N. HARTMANN, *Ethik*, Marbourg, 1925, p. 817.

d'amour, d'être absolument exclu de tout ce qui exige le sacrifice de soi. Il n'est finalement qu'une tentative désespérée pour se faire de nouveau accepter par l'instance absolue qui décide de la valeur ou de la non-valeur de l'existence. Un suicide de ce genre n'est qu'un détour désespéré du moi en quête de la vie, comme l'était le suicide vagal : le moi se trouve tellement confondu avec le surmoi qu'il pense ne pouvoir survivre qu'en s'identifiant totalement à lui ; pour peu que ce surmoi ait une tendance au sadisme, ou que sa trop grande rigidité se brise sur la réalité de l'existence, le moi finit par considérer son autosacrifice comme une partie indispensable de son programme. Cela peut réduire totalement à néant le service objectif que le suicide pour raison de conscience rend à la communauté humaine ; il se peut même que le motif du suicide en apparaisse parfaitement bizarre ; ce qui n'empêche pas le sujet lui-même, par narcissisme, de vivre subjectivement son acte comme un devoir.

Ainsi le major Scobie, le héros de Graham Greene dont nous avons déjà parlé, n'est finalement qu'un antihéros dont le suicide n'est pas seulement inutile, mais presque grotesque : il ne manque pas du tout à sa femme, contrairement à ce qu'il pensait. Dans ce couple qui s'ennuyait, elle aussi était fatiguée des artifices stériles par lesquels il tentait de se rendre aimable, et elle découvre tout de suite que sa mort, camouflée en accident, est en réalité un suicide. Scobie échoue donc dans sa tentative de redonner par sa mort valeur à une vie ratée. Et pourtant le lecteur éprouve pour lui sympathie et pitié, car il imagine bien que cela pourrait lui arriver.

Beaucoup plus complexes sont les suicides narcissiques et d'autosacrifice que met en scène Dostoïevski dans ses romans. Cet auteur fait preuve d'un regard extraordinairement clairvoyant et d'une perspicacité que la psychologie est encore loin d'avoir atteinte. Il s'est toujours efforcé de montrer la transposition des idées en sentiments (un thème que la psychanalyse n'a encore jamais vraiment traité) et, à l'inverse, la transposition des sentiments en idées (ce que la psychanalyse ne décrit que de façon insuffisante, dans le cadre de la « rationalisation » du refoulement des pulsions, et des inhibitions, des attitudes et des espérances qui y sont liées).

Ainsi, dans L'Idiot, Dostoïevski ne se contente pas de montrer, en la personne d'Hippolyte, qui est phtisique et se sait condamné à très brève échéance, le caractère sans espoir de l'existence humaine face à la maladie et à la mort, mais il souligne surtout la façon outrageante et infamante avec laquelle la mort réduit à néant les rêves de gloire et de grandeur. Personne n'a aussi bien décrit cette mort pour ce qu'elle est réellement : la pire blessure narcissique qui puisse être infligée à l'homme, surtout au cours de ces phases préparatoires que sont la maladie et l'infirmité. Hippolyte, si riche de possibilités et de dons, qui voulait « vivre pour le bonheur des hommes, pour découvrir et proclamer la vérité[89] », est tellement atteint par la certitude de sa fin qu'il est conduit à remettre en question toute l'ordonnance éthique de la responsabilité humaine : la mort le soustrait d'elle-même à toute punition et avilit à tel point sa vie que ce pourrait même devenir pour lui une « jouissance » de payer par quelques infamies monstrueuses sa conscience de n'être rien face à la mort. Bien sûr, la Nature exige journellement le sacrifice de millions d'êtres dont la mort est nécessaire à la survie du monde. En elle, « les êtres s'entre-dévorent sans cesse[90] ». Mais l'homme ne saurait se considérer comme un simple atome dont on aurait eu besoin « pour parfaire quelque harmonie universelle dans son ensemble, pour quelque plus et quelque moins, pour un contraste quelconque[91] » ; ainsi, pense Hippolyte, « le suicide reste-t-il le seul acte qui soit encore en son pouvoir d'accomplir et de mener à terme[92] ». En planifiant sa mort, il ne se sacrifie pas, il veut éviter plutôt qu'on le considère comme un simple élément du cycle matériel de la nature. Son suicide est une dernière manifestation d'humanité face à une mort cruelle, et il ne fait que traduire en vérité le souhait désespéré de trouver un sens absolu dans l'amour d'un autre[93], dont la rigueur de son surmoi — autrement dit l'exaltation d'un moi idéal rigide — ne fait qu'intérioriser le manque. Celui qui n'est jamais aimé ne peut s'aimer lui-même. Et s'il veut être aimé,

89. F. M. DOSTOÏEVSKI, *L'Idiot*, trad. G. et G. Arout, Paris, Éd. du Livre de poche, 1972, t. I, p. 484.

90. *Ibid.*, t. II, p. 155.

91. *Ibid.*

92. *Ibid.*, p. 156.

93. *Ibid.*, t. I, p. 481-485. Dostoïevski reprend le même propos dans son *Journal d'un écrivain*. Il y parle en termes émouvants de quelqu'un qui se « suicide par ennui », en tant que « représentant du grand tout ».

il demande alors l'impossible : être semblable à Dieu. C'est à ce fantôme qu'il se sacrifie.

En fait, pour les héros de Dostoïevski, le suicide est la conséquence de la nullité totale de l'existence que la mort vient définitivement ratifier ; et à l'inverse ce sentiment de nullité est lui-même meurtrier. Dans son roman *Crime et châtiment*, Raskolnikov est habité à tour de rôle par des sentiments d'effroyable mépris de soi et par des songes de toute-puissance fantastique. Pour ne pas se sentir moins que rien, un « pou[94] », il rêve de devenir un « Napoléon », et pour ne pas avoir à se piétiner comme un être indigne et superflu, il cherche à justifier son droit d'exister en usant de son droit de détruire une autre vie en l'occurrence celle de la prêteuse sur gages qu'il considère comme la personnification même de la nullité superflue. Le meurtre de Raskolnikov est de nature totalement narcissique : c'est une ultime tentative pour maintenir un reste d'estime de soi et le sacrifice qui en résulte ne satisfait que l'idéal d'un moi démesuré. La mort sacrificielle sadomasochiste due au surmoi peut alors devenir effective, car ce surmoi, né de la haine et du mépris, humilie le moi jusqu'à lui faire détruire sa vie et celle de l'autre. Selon toute apparence, les personnages auxquels Raskolnikov s'identifie négativement, la prêteuse sur gages et son amie, personnifient sa mère et sa sœur. C'est la lettre de cette dernière qui, en suscitant en lui des sentiments de honte et d'humiliation, déclenche le terrible meurtre qui traduit de façon parfaitement ambivalente dégoût et compassion, mépris et orgueil, protestation et impuissance[95].

À la façon d'un fil rouge, l'identification à la mère humi-

---

94. Voir DOSTOÏEVSKI, *Crime et châtiment*, trad. franç. E. Guertik, Éd. Livre de poche, t. II, p. 218-219.

95. Ce n'est pas sans raison que Theodor Reik note — dans une interprétation très différente de celle de Freud — l'impossibilité de comprendre Dostoïevski comme seulement meurtrier du père. « Car l'homme, Feodor Michailovitch Dostoïevski, a eu à lutter tout au long de sa vie contre des pulsions meurtrières — j'en suis très certain. C'est ainsi qu'il a souhaité la mort de son frère (décédé en 1864), puis celle de sa famille dont il pensait devoir assurer l'entretien. Il a aussi dû rêver la mort de sa première femme, Marie Isaewa, avec laquelle il n'avait pas été heureux, surtout depuis le début de sa liaison avec Paulina Suslowa. Cet homme disposait de la force d'imagination et du potentiel agressif pour tuer en masse. »

liée, accablée et parallèlement à la haine éprouvée pour le père, telle que l'analyse Freud, traverse tout le roman de Dostoïevski. Elle explique en même temps le sacrifice du moi à ses propres exigences poussées à bout, qui peuvent d'ailleurs chez notre auteur, prendre les formes les plus bizarres. C'est ainsi que Kraft, un personnage secondaire de *L'Adolescent*, se suicide parce que des études de phrénologie lui ont fait découvrir que le peuple russe ne saurait être qu'un peuple de second rang, un simple matériau qui servirait au développement d'une humanité supérieure. Cette conclusion, à laquelle il est parvenu logiquement, se transforme en un sentiment violent qui prend possession de toute sa vie et la domine. Pour le guérir, pense fort justement son ami Vassine, « il faudrait changer ce sentiment, et ce ne serait possible qu'en le remplaçant par une autre force égale[96] ». Mais comment un homme comme Krafft, nerveux, fragile et tendre, pourrait-il trouver une autre personne capable de l'aimer suffisamment pour lui redonner conscience de sa dignité et de sa grandeur ? Malgré toute son intelligence, il ne comprend pas qu'il projette sur le peuple russe, avec lequel il s'est totalement identifié, son propre sentiment d'infériorité, sa certitude qu'on ne l'aime pas. Il faut reconnaître que le sentiment fondamental de Kraft est, lui aussi, de nature psychogénétique ; il vient de ce qu'il s'identifie à sa mère, maltraitée et humiliée par son père. Mais c'est une fois de plus une intervention du surmoi qui, pour restaurer un narcissisme menacé, exige le sacrifice du moi. Seul un amour immense pourrait permettre à ce narcissisme, pétri de sentiments d'infériorité, d'agressivité et de haine de soi, de céder le pas à un homme nouveau. Mais alors que Raskolnikov sera sauvé par l'amour de Sonia, Kraft s'enfonce lui-même, parce qu'il ne trouve personne qui puisse l'aider à se redresser psychiquement. Comment trouver le salut quand on désespère de soi, et qu'un sentiment de néant et d'impuissance vous saisit ? Telle est la question qui hante Dostoïevski, qui passe au crible toutes les variantes possibles de suicide ; cette question est matérialisée sous forme d'alternative absolue entre l'autosacrifice du suicide et le don total dans l'amour d'un autre, capable de chasser l'angoisse ressentie

---

96. Voir Dostoïevski, *L'Adolescent*, dans *Œuvres*, I, Paris, Gallimard, « Bibl. de la Pléiade », 1956, p. 56.

devant sa nullité en la remplaçant par la certitude que l'on est reconnu et aimé.

C'est dans *Les Démons*, à travers le personnage de Kirilov, la plus étrange et la plus énigmatique de ses figures romanesques, que Dostoïevski a le mieux présenté cette alternative. Son héros incarne l'idée fondamentale que la seule chose qui définisse l'homme, c'est son angoisse de la mort. Pour lui, « l'homme n'a jamais rien fait qu'inventer un Dieu pour vivre sans se tuer. Voilà toute l'histoire du monde jusqu'à ce jour[97] ». Cette crainte de la mort est en réalité une peur devant la souffrance que la mort nous inflige, pense-t-il. Celui qui réussirait à surmonter cette angoisse n'aurait plus besoin de s'inventer un dieu ; il aurait gagné de disposer totalement de sa vie, et il serait donc lui-même Dieu. La certitude qu'il n'existe aucun dieu devrait immanquablement conduire à se tuer, à moins de faire un pas de plus en s'attribuant cette « liberté nouvelle, terrible » qui consisterait à disposer totalement de soi. Le problème sera résolu lorsqu'on réussira à produire un homme dépourvu d'angoisse. Car, pour Kirilov-Dostoïevski, « la peur est la malédiction de l'homme[98] ». Pour délivrer l'homme de cette angoisse mortelle et ainsi devenir Dieu, Kirilov s'est proposé d'offrir sa vie en sacrifice à l'humanité sous forme de suicide pédagogique. À son exemple, tout le monde devra reconnaître qu'il ne faut pas craindre de mourir et qu'il est donc possible à tout moment de se sentir Dieu, maître absolu de sa vie. Kirilov, le dieu-homme, est l'antithèse parfaite de l'homme-Dieu chrétien ; et, de fait, le problème du suicide n'est vraiment compréhensible que dans cette alternative absolue[99].

---

97. Voir DOSTOÏEVSKI, *Les Possédés*, trad. B. de Schloezer, Éd. du Livre de poche, p. 607.

98. *Ibid.*, p. 608.

99. J. BAECHLER traduit ainsi « la profondeur philosophique » des cogitations de Kirilov : « Les suicides sont remarquablement rares, car les hommes ont peur de la souffrance et de l'au-delà — Or il devrait y en avoir beaucoup, à la limite tout le monde devrait se donner la mort, car la vie n'est que terreur et souffrance : choisir la vie, c'est choisir la terreur et la souffrance — Le vrai but de la vie, c'est de vaincre la souffrance et la terreur et de parvenir à la liberté absolue ; cela n'est possible qu'en se tuant, car tuer la vie, c'est supprimer la terreur et la souffrance dont elle est tissée — En se tuant, on devient Dieu et on prouve que Dieu n'existe pas, à condition de se tuer non par terreur mais

La logique de Kirilov s'explique par le fait qu'il est persuadé que la mort, en tant que donnée naturelle et que souffrance, est horrible. Mais sa propre action contredit déjà cette logique. La mort n'est pas terrible si elle a un sens. On ne peut toutefois répondre positivement à la question du sens de la vie que lorsqu'on se trouve face à un amour absolu. Telle est l'impénétrable certitude dont témoignent tous les personnages des romans de Dostoïevski. Une alliance d'amour permet seule à l'homme d'acquérir le sentiment de sa propre dignité et de sa grandeur, et seul ce sentiment peut faire obstacle à l'anéantissement assuré de son existence dans le cycle de la nature. Seul l'amour peut vaincre la peur de la mort et donner à la vie un sens et une beauté. En revanche, le sacrifice de Kirilov ne permet pas de répondre à cette question capitale : comment donc les hommes peuvent-ils vivre avec leur liberté sans se détruire ? La liberté naît de la peur ressentie devant ce destin physique qu'est la mort ; en cela, Kirilov a certainement raison. Mais le véritable problème est celui de la peur qui naît de la liberté. Mis à part Kierkegaard, personne ne l'a mieux décrit que l'auteur du « Grand Inquisiteur ». Ce n'est pas l'anéantissement physique de la mort, mais le néant existentiel qui pose vraiment question, et la réponse ne peut être donnée que par l'expérience d'un amour absolu et non par un dépassement stoïcien de la souffrance et de l'angoisse. Il est évident que le suicide de Kirilov a subjectivement un sens, parce qu'il pro-

pour tuer la terreur. » Baechler exprime ainsi les principes métaphysiques de Kirilov : « La condition humaine est déchirée entre une contingence radicale et un besoin irrépressible d'absolu — Le seul moyen de mettre en échec la contingence est de se donner la mort, car, ce faisant, l'homme devient maître de la vie et de la mort — En une fraction de seconde, quand il accomplit son acte, l'homme échappe à la contingence et touche à l'absolu : il devient Dieu » (*Les Suicides*, p. 115-116). Il s'appuie sur ces réflexions pour montrer comment le suicide est un acte spécifiquement humain par lequel l'homme s'oppose en toute liberté à l'oppression, à la contrainte et à l'asservissement, en cherchant ainsi à trouver dignité et bonheur ; mais cette logique n'est valable que s'il n'existe aucune volonté positive qui arrache l'existence à sa contingence et à son indignité : l'enchaînement des idées de Kirilov ne saurait exercer sa fascination ténébreuse que dans le cadre de la solitude absolue d'une vie sans amour ; A. Alvarez interprète fort justement la théorie du suicide de Dostoïevski comme une sorte de preuve négative de Dieu : sans la foi en l'immortalité, le suicide serait inévitable pour un homme que son développement psychique a élevé au-dessus de l'animal.

cède d'un motif vraiment désintéressé, et que ce sacrifice n'est pas uniquement narcissique. Mais, de façon presque bouddhiste, sa mort par compassion ne délivre que de la perspective de la fragilité et de la mort ; elle ne débouche pas de l'angoissant néant de l'existence sur la vie. Pour conduire ainsi au-delà de la compassion, il faut l'amour d'un autre qui est capable, comme un miroir, de renvoyer à l'homme sa véritable image et de lui faire reconnaître avec certitude son indestructible dignité. Seule cette perspective peut permettre de découvrir cet horizon que propose la doctrine chrétienne qui affirme que nous, les hommes, nous vivons du sacrifice du Fils de Dieu. En cette figure originelle se résume et s'objective tout ce que les hommes peuvent être et signifier les uns pour les autres, et la façon dont notre vie est pensée à partir de Dieu : cela nous montre que ce monde extérieur ne subsiste que dans l'offrande à la réalité.

On peut toujours considérer le suicide désespéré de Kirilov comme une manifestation névrotique, ou en tout cas comme une création purement romanesque ; mais la transmutation de cette mort en offrande de soi rendue possible par l'amour participe de l'évidence. Fondamentalement, un choix s'impose : faut-il nous laisser entraîner dans la mort comme dans un événement extérieur, sur lequel nous n'avons aucune prise ou faut-il mener notre vie en la faisant reposer sur le don, sur l'amour ? Mais, dès lors, la pression de la réalité rend souvent imperceptible la frontière entre le « suicide » et le « sacrifice de soi [100] ».

La psychologie animale nous offre déjà quelques beaux exemples de suicides, de sacrifices pour faire face aux néces-

---

100. La tentative, toujours renouvelée, de résoudre le problème en distinguant la mort « directe » et la mort « indirecte » ne fait qu'éluder la question. Voir J. MAUSBACH, *Katolische Moraltheologie*, Münster, 1930, III, 2, p. 54-55. Psychologiquement, K. MENNINGER a magnifiquement montré comment les thèmes de l'autodestruction, de l'autopunition, de l'agression et de l'érotisme peuvent intervenir dans le martyre (*Selbstzerstörung. Psychoanalyse des Selbstmords*, Francfort, 2e éd., 1978, p. 107-164). H. Pohlmeier montre fort justement comment le refus augustinien du suicide ne s'oppose pas à la recherche de la mort dans le martyre ; il distingue bien le suicide par colère et par haine, de la mort acceptée librement, de façon pleinement responsable ; voir H. POHLMEIER, « Christliches Martyrium und Selbstmords », dans H. D. STÖVER, *Christenverfolgung im römischen Reich*, Düsseldorf-Vienne, 1982, p. 251-255.

sités de la réalité extérieure. Il n'est pas rare de voir l'amour maternel toucher à un héroïsme presque suicidaire. Une mère rate peut se sacrifier en lançant son cri de guerre et en sautant à la gorge d'un chien berger ; sur une prairie, une petite mère vanneau, par ses croassements et ses piqués, peut empêcher un troupeau entier de brebis de piétiner son nid ; une mère lièvre peut faire un bond de un mètre et demi en frappant de ses pattes de derrière un busard ; le pluvier attaque même une outarde trente-six fois plus grosse que lui si elle s'en prend à son nid.

Dans ces communautés d'animaux adultes, on se trouve vraiment à la source de tous les comportements altruistes. Si on observe leur façon d'agir au profit de l'ensemble, en renonçant à tout égoïsme et à tout intérêt propre, on constate qu'elle se résume toujours au don de soi et au sacrifice des parents pour leurs enfants. Le comportement maternel constitue tout bonnement le noyau de tout comportement social de niveau supérieur [101].

Quand la morale catholique maintient catégoriquement aujourd'hui encore que, lors d'une naissance, une mère ayant à choisir entre la vie de son enfant et la sienne aurait le devoir de se sacrifier, cette théologie, qui condamne par ailleurs sévèrement le suicide, ne fait au fond que se conformer à ce comportement instinctif de tant d'oiseaux et de mammifères — tout en fondant de façon générale son argumentation sur le fait que la mère a déjà vécu alors que l'enfant veut vivre. En réalité, sans qu'elle s'en rende compte, sa doctrine ne fait que dogmatiser la primauté absolue du bien de l'enfant par rapport à celui des parents, ce qui correspond au comportement instinctif des animaux. Mais c'est là précisément que la situation prend un tour paradoxal : tandis que nous devions jusqu'ici faire comprendre que l'homme peut devenir la victime de certains mécanismes primitifs de comportement, voici que nous devons maintenant chercher à empêcher que, au nom d'une construction idéologique donnée, sans tenir compte de la situation d'ensemble, il devienne la victime d'une motivation instinc-

---

101. V. B. DRÖSCHER, *Nestwärme. Wie Tiere Familienprobleme lösen*, Düsseldorf-Vienne, 1982, p. 34.

tive particulière. La mère qui va perdre la vie lors d'une naissance a peut-être déjà trois enfants que sa mort pourrait mettre en danger, un mari qui l'aime, une vieille mère dont elle
s'occupe ; bref, il est indispensable de garder autant de sang-
froid que possible pour éviter qu'un simple réflexe ne vienne
commander la totalité d'un comportement. Or on voit continuellement se produire des cas tragiques de ce genre. Il suffit de se rappeler cette image bouleversante, qui a fait le tour
du monde : les soldats américains devaient se retirer précipitamment et définitivement du Sud Viêt-nam et des masses de réfugiés désespérés se pressaient sur les rares bateaux
disponibles pour l'évacuation ; et voilà qu'une femme dont
l'enfant, dans la bousculade, s'est trouvé précipité par-dessus
le bastingage a sauté sans hésiter à sa suite, dans la mort.
Comment ne pas admirer ce sacrifice, même s'il est désespérément inutile ? Mais admirer la force d'une pulsion vraiment altruiste est une chose, élever au niveau d'une loi
morale une réaction individuelle instinctive en est une autre.
La doctrine catholique de la primauté de la vie de l'enfant
sur celle de la mère, donc du devoir de se sacrifier, ne tient
pas compte du fait que les connexions instinctives entre la
mère et l'enfant n'agissent sur les déclics auditifs et visuels
qu'après la naissance. Aucune morale, pas même catholique,
n'ira demander à une mère de se sacrifier pour son enfant
vivant, alors qu'au plus profond d'elle-même elle est déjà liée
à lui de mille façons, il paraît donc absurde que cette même
doctrine morale demande à une mère, sous peine de péché
mortel, de déroger aux exemples de la nature et de se sacrifier en faveur d'un enfant encore à naître. En vérité, le plus
difficile est de préserver le sacrifice de l'individu, s'il doit
avoir lieu, de toute motivation de type narcissique aussi bien
que de toute idéologie étrangère à la réalité. La conduite à
tenir est fonction de la situation précise ; et l'analyse de cette
situation requiert toutes ses facultés conscientes. En termes
de physiologie du cerveau, il faut faire fonctionner son néo-
cortex ; ce qui revient à refuser de se fier aux schémas réactionnels automatiques et héréditaires du cerveau, autrement
dit de l'hypothalamus. On doit aussi comprendre qu'il est
infiniment plus facile, par exemple au père Maximilien Kolbe
à Auschwitz, de se livrer volontairement à la mort pour les
enfants d'un compagnon de captivité que de subir une mort
dont les conditions sont d'une monstruosité et d'un arbitraire

insensé. Si l'on a le choix entre finir ses jours en un pur *lusus naturae* et donner à sa vie une fin qui ait un sens — chaque seconde étant emplie d'un légitime orgueil et de la conscience intérieure du bien — il faut sans aucun doute préférer être victime volontaire plutôt que victime forcée. Mais il suffit de cette simple expérience pour faire disparaître la frontière, apparemment claire, entre le suicide et l'offrande de soi car elle apparaît totalement artificielle. À nombre de ceux qui se suicident, il apparaît évident qu'il est de l'intérêt de tous qu'ils fassent d'eux-mêmes ce choix ; un suicide comporte presque toujours, en soi, cette dimension d'offrande, et ne fût-ce que de façon à demi consciente et réfléchie, celui qui se supprime espère aussi découvrir un sens et une liberté.

Prenons l'exemple de la dramatique expédition au pôle Sud du capitaine Scott, en mars 1912. Elle tire à sa fin ; la petite équipe de quatre survivants se traîne, gelée et affamée, dans l'horrible désert de glaces. C'est alors que se produit un incident tragique d'une extraordinaire grandeur : le capitaine de cavalerie L. J. E. Oates, les orteils gelés, ne peut presque plus avancer ; il sent qu'il est de plus en plus à charge de ses amis. Stefan Zweig décrit ainsi cette scène bouleversante :

> Ils sont obligés d'interrompre leur marche par une température de $-42°$ et l'infortuné sent qu'il est un danger pour ses amis. Ils sont prêts à mourir. Ils se font remettre chacun par Wilson dix tablettes de morphine pour hâter leur fin si cela est nécessaire. Ils essaient encore de marcher une journée avec le malade. Puis le malheureux les prie de l'abandonner dans son sac de couchage et de séparer leur destinée de la sienne. Ils repoussent énergiquement sa proposition quoique sachant parfaitement qu'ils y gagneraient en l'acceptant. Titubant sur ses jambes gelées le malade les suit encore pendant quelques kilomètres jusqu'à la halte de nuit. Il dort avec eux jusqu'au matin : un ouragan fait fureur.
>
> Soudain Oates se lève : « Je sors, dit-il à ses amis. Je serai peut-être absent un moment. » Ils frissonnent. Chacun devine ce que signifie cette sortie. Mais aucun n'ose le retenir. Personne n'a le courage de lui tendre la main pour lui dire adieu. Le respect les fige ; ils sentent tous que Lawrence J.E. Oates, capitaine aux dragons d'Inniskilling, marche comme un héros vers la mort [102].

102. S. ZWEIG, *Les Très Riches Heures de l'humanité*, Paris, Belfond, 1989, p. 217. Voir BAECHLER, p. 497-502.

Bien sûr, considéré objectivement, son sacrifice en faveur de ses amis fut inutile : quelques jours plus tard, le 29 mars 1912, ses trois camarades ont, eux aussi, rencontré la mort. Mais il est rare que le conflit entre égoïsme et solidarité soit vécu de façon aussi intense et consciente qu'ici, tant du côté de la victime que de celui des bénéficiaires. Et on voit bien là le caractère flou de la transition du suicide à l'offrande de soi. Lorsqu'on est en pleine détresse, arrive tôt ou tard un moment où, seul compte le moyen de sortir de la vie de façon sensée, en tenant au mieux compte des circonstances. Mais, dans ces cas extrêmes, on ne saurait fixer ce qui est « sensé » pour chacun. Un pilote de *starfighter* qui, pour éviter que son avion ne s'écrase sur une région habitée, renonce à faire fonctionner son siège éjectable, dispose juste de quelques secondes pour décider de vivre ou de mourir. En allant à la mort, dans la mesure où aucun autre motif subjectif, de nature masochiste par exemple, ne vient influencer son comportement, il fait un pur don de sa vie. Objectivement, son geste paraît adapté à la situation ; il est donc sensé. Dans le suicide pathologique, c'est-à-dire dans le cas opposé, ce sont surtout les raisons intérieures qui interviennent dans l'impression qu'on doit donner sa vie en faveur des autres : les circonstances extérieures ne sont pas le motif, mais seulement l'occasion de mettre en œuvre certaines dispositions. Entre ces deux extrêmes, on a toutes les variantes possibles, des suicides collectifs des kamikases japonais de la Deuxième Guerre mondiale[103] aux sacrifices de masse que les Aztèques offraient à leurs dieux sanguinaires[104] ; mais même si l'individu agit ici pour des motifs parfaitement altruistes, le but poursuivi par la collectivité est pour sa part absurde : pour quelle raison vaut-il la peine de mourir ?

En fait, il n'existe qu'un critère permettant de distinguer clairement ce qui est suicide de ce qui est sacrifice de soi : c'est la part d'amour qui motive subjectivement l'action[105].

103. J. Baechler rappelle avec raison qu'à l'arrière-plan des attaques japonaises, il y a le *codex Buschido* des samouraïs (p. 534).

104. En ce qui concerne la pratique des sacrifices aztèques, voir W. Krickeberg, *Altmexikanische Kulturen*, Berlin, 1975, p. 104-105 ; 168-169 ; 198 ; E. Drewermann, *Der Krieg und das Christentum*, p. 317-318, n° 46-48. Voir aussi N. Davies, *Opfertod und Menschenopfer* (trad. de l'anglais), Düsseldorf-Vienne, 1981, p. 238-259.

105. Sous sa formulation négative, 1 Co 13, 3 vient confirmer cette affirmation. Il est certainement déjà fort difficile de distinguer subjectivement entre l'idéalisme et le masochisme.

On peut discuter du « sens » du suicide : il change selon le cadre culturel d'une époque, mais on ne saurait discuter les motivations de celui qui se suicide et on ne les perçoit qu'en l'écoutant. On constatera alors que le suicide est toujours une recherche désespérée d'un amour perdu et constitue un sacrifice destiné à le retrouver, tandis que le sacrifice de soi procède de l'amour dont il est un exemple. À partir de là, suicide et sacrifice renvoient tour à tour l'un à l'autre, et trouvent l'un dans l'autre leur limite.

Cette constatation suppose naturellement qu'on définisse comme positif le conflit entre le moi et la réalité, qui est à l'origine du sacrifice. Mais il existe aussi un conflit négatif qui consiste à refuser la réalité, autrement dit à la mettre à distance ; ce conflit peut être suicidaire.

C'est ainsi que, dans son autobiographie, *Une sorte de vie*, Graham Greene raconte comment, dans sa jeunesse, il joua à la roulette russe avec un revolver, non pas avec l'idée de se supprimer, mais seulement par ennui[106]. Lorsque quelqu'un, Dieu sait à cause de quels complexes, ne se fait plus de la réalité environnante qu'une idée pâle, triste et fade, ce sentiment de vide et d'absurdité peut, en particulier chez des personnes à l'imagination riche, sensibles et pleines de vie, provoquer une faim si intense que le fait de jouer avec la vie, y compris en envisageant le suicide, permet tout au moins de secouer ce sentiment d'indifférence généralisé, et de regagner un peu le sentiment d'une consistance nécessaire de l'existence. Le même phénomène peut se produire au niveau de peuples tout entiers. Schopenhauer a noté que, dans l'histoire de l'humanité, le pendule oscille perpétuelle-ment entre guerre et ennui[107]. De fait, nombre de guerres n'ont essentiellement eu lieu que pour accomplir un « haut fait » permettant d'éliminer le sentiment du dégoût de soi. Le suicide collectif que constitue une telle guerre prendra des formes encore plus horribles si elle a pour chef un suicidaire latent, comme ce fut le cas lors de la Seconde Guerre mondiale, lorsque Adolf Hitler prit en main le commandement

106. G. GREENE, *Une sorte de vie*, Paris, Robert Laffont, 1971.
107. A. SCHOPENHAUER, « Nachträge zur Lehre vom Leiden der Welt », *Parerga und Paralipomena*, II, *Werke*, VI ; E. DREWERMANN, *Der Krieg und das Christentum. Von der Ohnmacht und Notwendigkeit des Religiösen*, Ratisbonne, 1982, p. 87-88.

suprême de l'armée[108]. Dans un cas pareil, la déformation de la réalité est encore accentuée par le fait que l'estime de soi est liée à la reconnaissance d'un tel *Führer*, qui accapare la place du surmoi. Le suicide du *Führer*, qui représentait l'autorité, peut alors conduire au suicide de masse de tous ceux qui se sont identifiés de façon narcissique à lui.

Une autre sorte de conflit entre le moi et la réalité peut entraîner des conséquences meurtrières à un niveau collectif. Il peut arriver que certains complexes, en particulier un rétrécissement moralisant du moi, ne permettent plus qu'une vision déformée de la réalité et poussent alors à des comportements et à des actes qui sont objectivement suicidaires sans être subjectivement perçus comme tels. On sait que des chevaux peuvent se précipiter dans le feu par panique ; inversement, une gazelle peut devenir la proie d'un lion parce qu'elle est allée boire imprudemment. Quelqu'un peut mourir parce que, alors que les circonstances ont entièrement changé, il a voulu, par légèreté ou par peur, maintenir un type de comportement moralement dépassé.

Il est manifeste que l'Église catholique elle-même nous offre aujourd'hui l'exemple le plus lourd de conséquences de ce que peut être un comportement collectif suicidaire : un conflit entre le moi et la réalité, fondé sur une idéologie et dû aussi à la peur et à la légèreté ; en morale sexuelle, elle continue encore d'ériger en règles certaines idées concernant la fécondité et de justifier une vision héritée d'un temps où existait un équilibre biologique relatif entre la mort et la vie. Du côté ecclésiastique, on se refuse manifestement à voir ce que tout le monde voit : que le doublement de l'humanité en quelques décennies, et tel qu'il est déjà actuellement mis en route, équivaut à une vraie catastrophe. Certes, l'Église affirme qu'elle prend parti en faveur de la protection d'une nature créée par Dieu et qu'elle s'élève contre une idée unilatérale d'exploitation de la créature ; ces déclarations perdent leur valeur, quand, dans ses hautes sphères, on affecte toujours de croire que le « consummisme » est la seule et unique raison de la destruction, déjà fort avancée, de la nature, sans reconnaître que la multiplication exponentielle

---

108. En ce qui concerne le phénomène de suicide de masse à la fin d'une guerre perdue, voir BAECHLER, p. 456-457.

des hommes qui nous menace éliminera bientôt de la planète les derniers territoires encore intacts de la nature. L'exode des *lemmings* constitue lui aussi une forme de suicide, peut-être la plus généreuse subjectivement, mais aujourd'hui sûrement la plus menaçante objectivement.

CONCLUSION

La théologie morale catholique a toujours avancé trois arguments contre le suicide : d'abord, qu'il résulte d'un désespoir touchant la finitude de l'existence, inconciliable avec la foi ; or il appert que le suicide ne consiste pas en une décision touchant la valeur ou la non-valeur de la vie dans son ensemble, mais qu'il est plutôt un dernier moyen de fuir un sentiment ou une idée d'impasse dans une situation de vie concrète. Ensuite, que le suicide est une façon d'accaparer un pouvoir qui n'appartient qu'à Dieu ; or l'impression d'impasse qui y conduit résulte précisément de l'impuissance du moi devant le ça, le surmoi et la réalité extérieure, cette impression pouvant venir aussi bien d'une déformation névrotique de la réalité que de données objectives. Face au suicide pathologique, l'Église (aujourd'hui) adopte en règle générale une attitude souple. Le troisième argument repose sur la conviction souvent exprimée qu'il ne saurait y avoir d'impasse définitive pour un croyant et que Dieu seul a le droit de déterminer le moment de la mort. C'est l'argument qui tient le moins, bien que ce soit le plus fréquent. On retomberait dans une vision animiste, donc magique, si l'on interprétait d'un point de vue individuel les événements importants de la nature et de l'histoire comme résultant d'une action divine qui refuserait par principe d'admettre qu'une existence individuelle puisse se trouver dans une situation humaine sans issue ou insupportable. Il est parfaitement possible de croire en Dieu, à la vie éternelle et à la valeur de la vie dans son ensemble tout en considérant une situation donnée comme sans issue. La morale catholique doit en particulier se montrer prête à reconnaître la *dimension tragique* de la vie humaine, et acquérir ainsi une sensibilité aux crises de l'existence auxquelles l'individu, lorsqu'il perd l'appui de la morale générale, se trouve avec sa seule

confiance face à Dieu. Le problème du suicide (et de l'euthanasie) constitue un exemple particulièrement choisi de cette
nécessité d'évolution. Méconnaître cette exigence, ou lui faire
trop de place, serait donner raison au reproche que Schopenhauer adressait à la foi biblique : ce serait « l'optimisme
indispensable de cette religion, qui met en accusation la sup-
pression de soi pour ne pas se trouver mis en accusation par
elle [109] ».

109. A. SCHOPENHAUER, « Über den Selbstmord », *Parerga und
Paralipomena*, II, *Werke*, VI, § 157.

2

Un plaidoyer
pour le mensonge
ou
De l'inaptitude à la vérité

Véridiques — peu de gens savent l'être
[...]. Moins que tous les autres, les bons.
[...] Ils sont toujours prêts à céder, à se rendre : leur cœur approuve. Ils obéissent de
toute leur âme. Mais celui qui écoute tout
le monde ne s'entend plus lui-même !

F. NIETZSCHE,
Ainsi parlait Zarathoustra,
« Des tables anciennes et nouvelles », 7.

Le mensonge, il faut au moins en parler franchement. Il
est insensé d'affirmer qu'on doit toujours et en toutes circonstances parler et agir en toute vérité. Cela n'est pas
décent. La vie est pleine de tromperies, et la question n'est
pas de savoir s'il faut admettre le mensonge en général, mais
seulement dans quelles circonstances et pour quelles raisons
il peut et il doit y avoir un droit au mensonge.

LE MENSONGE, UN PÉCHÉ ?

On sait qu'Emmanuel Kant rejetait *a priori* comme immoral tout mensonge, quels qu'en soient les motifs et les circonstances. C'était pour lui la déduction logique d'un impératif catégorique. S'il pouvait y avoir une loi universelle autorisant à mentir dans certains cas, par exemple en vue d'un avantage quelconque, personne ne pourrait plus croire personne, et la vérité s'en trouverait galvaudée — à la façon d'une monnaie dont trop de faux billets circuleraient —, ce qui saperait la sécurité indispensable entre les hommes et la confiance morale dans la crédibilité de l'autre[1]. Il est en effet possible de voir dans le mensonge le péché pur et simple. Dans son bref ouvrage, *Le Songe d'un homme ridicule*, Dostoïevski décrit comment, sur une planète lointaine où les habitants, dans leur innocence, vivent un bonheur paradisiaque, un seul mensonge vient, à la manière d'un virus, infecter la vie commune. Là où précédemment c'était la franchise qui allait de soi, ce sont désormais la fausseté et la confusion qui règnent. L'avantage que retire de ce mensonge un unique individu se transforme en désastre collectif et, pour rétablir de l'extérieur la confiance ébranlée, il faut désormais inventer des lois et des préceptes moraux de plus en plus compliqués, multiplier les grilles contre la prolifération du mal sans jamais pouvoir le guérir à sa racine. C'est aussi ce que Kant aurait pu penser du mensonge : il est comme un cancer qui, ayant réussi à s'introduire dans le

---

1. Répondant à une objection de Benjamin Constant, KANT déclare catégoriquement : « La véracité dans des déclarations que l'on ne peut pas éviter est un devoir formel de l'homme à l'égard de chacun, quelle que soit l'importance du dommage qui peut en résulter pour lui ou pour un autre. Et bien que je ne commette pas d'injustice envers celui qui me contraint injustement à une déclaration quand je la falsifie, je commets cependant par une telle falsification qui, pour cette raison, peut être appelée mensonge — quoique dans un sens qui n'est pas celui des juristes — une injustice dans la partie la plus essentielle des devoirs en général : c'est-à-dire que, pour autant que cela dépend d'elle, mon action a pour effet que des déclarations en général ne trouvent pas de créance, et que par conséquent les droits qui sont fondés sur des contrats tombent également et perdent leur force ; ce qui constitue une injustice à l'égard de l'humanité en général » (*Sur un prétendu droit de mentir par humanité*, 1797, dans *Œuvres philosophiques*, Paris, Gallimard, « Bibl. de la Pléiade », t. III, p. 436-437).

cœur humain, résiste désormais à toutes les forces qui voudraient l'éliminer, sauf au strict amour de la vérité[2].

Contre le mensonge, Kant avance encore un autre argument que finissent par adopter presque tous ceux qui le rejettent catégoriquement : on ne doit jamais considérer l'homme comme un moyen, déclare-t-il, mais seulement comme une fin[3]. Or, dans la mesure où, c'est par un mensonge que l'on répond formellement à la prétention de l'autre à la vérité, l'autre devient inévitablement un instrument qu'on utilise pour atteindre son propre but, alors que, sous le couvert de cette réponse, on dit ou on fait matériellement un mensonge. Ce mensonge n'existerait pas sans cette contradiction de la forme et du contenu : il faut maintenir l'autre dans l'illusion qu'on respecte sa personne et qu'on lui dit la vérité, sinon il ne prêterait plus foi au dire trompeur ; mais en réalité, on utilise cette personne en abusant de sa confiance et de son exigence spirituelle de vérité, parce qu'on vise un but qu'on ne pense pas pouvoir atteindre sans ruse.

Considéré d'un point de vue purement logique, le mensonge consiste donc en une contradiction entre la forme et le contenu, et à le considérer en toute objectivité, il comporte toujours un mépris de l'autre. À la lumière kantienne, on

---

2. F. M. Dostoïevski, *Le Songe d'un homme ridicule*, « Petite Bibliothèque européenne », Maren Sell éd., 1991.

3. Dans *La Métaphysique des mœurs*, Kant dit du mensonge : « Le mensonge est le rejet et pour ainsi dire l'anéantissement de la dignité humaine. Un homme qui ne croit pas lui-même ce qu'il dit à un autre (quand bien même il s'agirait d'une personne idéale) a encore moins de valeur que s'il était une simple chose, car puisque la chose est quelque chose de réel et de donné, quelqu'un d'autre peut bien en faire un usage quelconque puisque sa propriété est de servir à quelque chose ; tandis que le fait de communiquer ses pensées à quelqu'un à travers des mots qui disent intentionnellement le contraire de ce que le locuteur pense est un but directement opposé à la finalité naturelle qui consiste à communiquer ses pensées, par conséquent c'est un renoncement à sa personnalité et c'est présenter, au lieu de l'homme même, l'apparence trompeuse de l'homme [...]. Étant un être moral *(homo noumenon)*, l'homme ne peut se servir de lui-même, en tant qu'être physique *(homo phaenomenon)* comme d'un pur moyen (machine à paroles) qui ne serait pas lié à une fin interne (la communication des pensées), tout au contraire il est soumis à la condition de s'accorder avec lui-même dans la déclaration *(declaratio)* de sa pensée et il doit s'obliger envers lui-même à la véracité » *(Œuvres philosophiques*, t. III, p. 716-717).

doit donc en conclure qu'il faut *a priori* le rejeter comme atteinte de principe à la loi morale universelle.

Le problème est malheureusement beaucoup plus compliqué. Les embarras commencent déjà avec la question de Pilate : « Qu'est-ce que la vérité ? » Considérée de façon purement abstraite, celle-ci consiste en accord entre ce qui est dit et le réel. Un *mensonge* est donc une affirmation qui ne correspond pas à la réalité qu'elle vise ; il existe donc dès lors que quelqu'un, consciemment et volontairement, dit quelque chose de faux. En vertu de cette simple définition, deux personnes (ou plus) discutent d'une tierce réalité, et les paroles qu'elles échangent à son sujet (p^1 et p^2) sont porteuses d'informations qui renvoient à une chose (C) ou à un fait.

$$C$$
$$\uparrow$$
$$p^1 \longleftrightarrow p^2$$

On peut penser que ce schéma abstrait devrait suffire pour définir le mensonge. Il serait valable si le problème de la véracité se résumait en celui du respect subjectif de la justesse ou de la non-justesse d'une affirmation verbale. Mais la difficulté, bien fondée comme toujours sur le réel, consiste en ce qu'il n'est pas possible de poser de façon aussi abstraite l'identité entre l'affirmation, telle qu'on entend subjectivement la poser, et le contenu *conscient* de l'affirmation.

Si l'homme se résumait à la conscience et que la parole humaine ne faisait que poser une relation entre cette conscience et le monde extérieur, entre le sujet et l'objet, nous pourrions parler de véracité ou de mensonge en nous contentant de connaître la volonté subjective. Pour définir moralement une affirmation comme vérité ou comme mensonge, il suffirait en ce cas de savoir si quelqu'un entend communiquer à l'autre ce qu'il a reconnu comme vrai, ou si, pour quelque raison que ce soit, il entend lui voiler cette vérité qu'il connaît subjectivement, la fausser ou même lui substituer une pure et simple contrevérité.

Les difficultés débutent donc avec la découverte du fait que jamais un échange entre deux personnes n'est simple communication d'un contenu dont on pourrait informatiser les données susceptibles d'être traduites en langage exact,

parce que mathématique. Un entretien entre deux personnes
est tout autant communication de soi et dévoilement de son
être propre qu'échange de connaissances objectives. Certes,
large est la palette qui va du dialogue purement personnel
entre deux amoureux et celui de deux physiciens, par exemple. Mais on ne peut pas moins dire de toute conversation
vraiment humaine que la transmission de données s'insère
toujours dans un échange sur son être, entre un moi et un
toi[4]. Quand on regarde les choses de près, on s'aperçoit que
personne ne perçoit la réalité telle qu'elle est, car la perception que nous en avons est toujours conditionnée par un intérêt qui nous fait la voir et l'interpréter d'une certaine façon,
correspondant à notre nature[5]. Même quelqu'un comme
Alceste, le misanthrope de Molière[6], qui se propose de tou-

4. Voir Martin BUBER, « Je et tu », *La Vie en dialogue*, Paris, Aubier-
Montaigne, 1969, p. 7-101.
5. Tout comme l'ensemble de l'école de Francfort, Max HORKHEIMER
insiste fortement sur la façon dont nous sommes marqués par nos intérêts et sur le problème de la « préservation » pratique de la vérité ; mais
il se défend en même temps fort justement contre des simplifications prag-
matiques étrangères à la particularité de la « pensée dialectique », qui est
de mettre en relation les notions acquises empiriquement et de recons-
truire la réalité à travers elles (« Zum Problem der Wahrheit », *Kritis-
che Theorie. Eine Dokumentation*, Francfort, 1968, t. I, p. 261-262). En
l'absence de réflexion philosophique, les connaissances psychanalytiques
touchant la souplesse des intérêts qui caractérisent notre perception de
nous-même ou de l'autre déboucheraient sans aucun doute sur un rela-
tivisme similaire à celui de W. Dilthey, même si c'est avec une typologie
différente.
6. MOLIÈRE, dans *Le Misanthrope* (1666), met dans la bouche
d'Alceste, cet ennemi du genre humain, nombre de remarques fort inté-
ressantes sur les mensonges de la société : « Non, je ne puis souffrir cette
lâche méthode / Qu'affectent la plupart de vos gens à la mode ; / Et je
ne hais rien tant que les contorsions / De tous ces grands faiseurs de protestation, / Ces affables donneurs d'embrassades frivoles, / Ces obli-
geants diseurs d'inutiles paroles, / Qui de civilités avec tous font
combat, / et traitent du même air l'honnête homme et le fat. / Quel avantage a-t-on qu'un homme vous caresse, / Vous jure amitié, foi, zèle,
estime, tendresse, / Et vous fasse de vous un éloge éclatant, / Lorsqu'au
premier faquin il court en faire autant ? / Non, non, il n'est point d'âme
un peu bien située / Qui veuille d'une estime ainsi prostituée ; / et la plus
glorieuse a des régals peu chers, / Dès qu'on voit qu'on nous mêle avec
tout l'univers : / Sur quelque préférence une estime se fonde, / Et c'est
n'estimer rien qu'estimer tout le monde. » Ce à quoi Philinte objecte :
« Mais, quand on est du monde, il faut bien que l'on rende / Quelques
dehors civils que l'usage demande. » Alceste réplique vertement : « Non,

jours dire la vérité et rien que la vérité sans aucune fioriture, y trouve un intérêt : celui de détruire ses relations humaines par des attaques blessantes, et de confirmer ainsi ses propres préjugés sur les êtres humains. Quoi qu'il puisse raconter à son ami Philinte, il en dit toujours plus sur son propre caractère que sur celui de ses contemporains. Et inversement, même là où certaines personnes mentent manifestement, elles livrent pourtant inconsciemment la vérité sur elles-mêmes, et seul celui qui connaît dans une certaine mesure la nature de son interlocuteur peut distinguer dans ce qu'il dit entre « poésie et vérité ». C'est un cercle vicieux évident : car la nature de l'autre se manifeste essentiellement dans sa parole, mais la véracité de la parole n'est en revanche rendue possible que par la véracité de l'être : les deux choses se conditionnent donc l'une l'autre.

En tournant en 1950 la nouvelle de Ryunosuke Akutagawa, *Rashomon*, le cinéaste japonais Akira Kurosawa a vraiment dressé un monument durable à la relativité des échanges humains. Dans un temple bouddhiste, un homme raconte l'histoire d'une attaque de brigands et d'un viol, selon le point de vue des différents protagonistes : le voleur, la femme violée et tuée, son époux assassiné, enfin lui-même[7]. Chacune des descriptions concorde parfaitement avec des détails décisifs d'une autre description, mais la contredit sur d'autres points, lesquels correspondent à leur tour avec les affirmations d'une autre version du déroulement des événements. Chacun a un motif de mentir, ou, qui sait, de dire la vérité. À la fin, la seule version crédible est celle du « témoin », qui s'est emparé d'une épée de valeur pour nourrir sa famille : finalement, c'est aux motifs les plus triviaux et au déroulement le moins héroïque des faits qu'on peut prêter le plus de vraisemblance. Il est difficile de voir cette présentation troublante du cœur humain sans en être durablement secoué : qu'en est-il donc, si non seulement les

---

vous dis-je, on devrait châtier sans pitié, / Ce commerce honteux de semblants d'amitié. / Je veux que l'on soit homme, et qu'en toute rencontre / Le fond de notre cœur dans nos discours se montre, / Que ce soit lui qui parle, et que nos sentiments / Ne se masquent jamais sous de vains compliments » (*Le Misanthrope*, acte I, sc. I).

7. R. AKUTAGAWA, *Rashomon*, 1915.

humains mentent volontairement, mais s'ils sont incapables, par nature, de vérité ?

LA CHUTE COMME MENSONGE

Du point de vue de l'éthique, on devra exclure *a priori* cette possibilité. Il apparaît absurde d'admettre que l'humanité soit *par nature* menteuse, et de donner raison au psaume 116, 11 quand il déclare : *omnis homo mendax — tout homme* est menteur. Ne serait-ce que pour elle-même, l'éthique se doit d'insister sur l'existence de la liberté humaine, donc de souligner que chacun dispose du pouvoir de mentir ou de dire la vérité, qu'il la respecte ou qu'il la trompe[8]. Mais le psaume ne parle pas autrement que la théologie morale chrétienne, chaque fois qu'elle doit confesser sa propre position : à l'opposé de l'éthique philosophique, elle ne peut jamais s'appuyer sur la liberté humaine pour fonder immédiatement ses normes ; elle ne peut partir que de la non-liberté d'un homme coupé de Dieu, donc montrer son incapacité à bien agir, y compris à dire la vérité aussi longtemps que cette séparation perdure. Il faut la réflexion sur la structure de l'existence rachetée pour découvrir comment seule une attitude de confiance profonde peut fournir les conditions d'une véritable franchise.

Effectivement, le texte sur lequel l'Église a fondé dès l'origine sa doctrine de l'impossibilité pour l'homme, après la

---

8. N. HARTMANN déclare fort justement : « L'éthique ne connaît pas cette idée du péché (autrement dit celle selon laquelle l'homme est pécheur par nature et ne peut être libéré que par la rédemption — N.d.A.). Elle n'a pas de place pour elle. La faute morale ne comporte rien qu'on puisse faire dériver de la personne du coupable ; elle n'a rien de substantiel. Sans doute connaît-elle une pesanteur du péché et une espèce de désir du pécheur de pouvoir s'en débarrasser. Il existe aussi une limite à ce qu'on peut porter, et un effondrement sous le poids de la charge. Mais cette limite ne saurait se confondre avec une incapacité humaine de principe au bien. La possibilité de l'élévation morale demeure toujours fondamentale, et cela du fait même de ce désir, et à la mesure de sa croissance. L'aspiration au bien ne saurait jamais et en aucune circonstance n'être qu'impuissance vide » (*Ethik*, Berlin, 4e éd., 1962, p. 818). Ainsi *doit* penser l'éthique, parce que c'est entre l'entendement et le vouloir qu'elle situe le problème du bien, et non entre l'angoisse (donc la non-liberté) et la foi (la liberté), comme le fait la religion.

chute, de faire le bien (doctrine du péché originel) nous donne bien une compréhension capitale de la nature du mensonge[9]. Au début de la Bible, le Yahviste nous décrit la première conséquence de la chute en nous montrant l'homme rempli de honte lorsqu'il se découvre « nu ». Entendant Dieu venir visiter le jardin d'Éden, il se revêt de feuilles de figuier et se cache dans un buisson. Cette image frappante veut nous décrire un homme qui ne se contente pas de recourir au mensonge comme à un moyen, mais qui est fondamentalement menteur. En nous rapportant ce récit concernant le fondement de l'existence humaine, le Yahviste entend nous dire que l'homme ne peut se supporter lui-même. Il ne parvient à accepter sa « nudité », sa nature de créature, sa contingence, que dans la mesure où il se sent justifié par Dieu, voulu, accepté. Si, dans le champ de l'angoisse, cette confiance s'effondre, l'homme retombe de façon terrible sur lui-même. Il commence à avoir honte non seulement de ce qu'il a fait, mais plus encore de ce qu'il est. Maintenant qu'il est coupé du royaume de la miséricorde divine, son « manque » fondamental, comme créature, lui apparaît scandale pitoyable, réalité à masquer aux autres et surtout à lui-même. C'est par les « feuilles de figuier » que commence le mensonge : elles sont en quelque sorte le premier fruit du péché, et c'est en ce sens que l'évangile de Jean peut fort justement déclarer le « démon » « père du mensonge » (Jn 8, 44).

Sans Dieu, l'homme ne peut plus avoir de considération pour lui-même. Il n'est plus satisfait d'être ce qu'il est ; au cœur d'un monde « sans grâce », il lui faut chercher à se soustraire à tout regard critique, le sien et celui des autres.

---

9. En ce qui concerne l'interprétation de ce qui suit, voir E. DREWER-MANN, *SB*, I, p. 72-86 ; II, p. 571-577 (sur le cercle vicieux du sentiment d'infériorité et de la compensation). KANT note avec étonnement que « la Bible date le premier crime par lequel le mal est entré dans le monde, non du *fratricide* (de Caïn), mais du premier *mensonge* (parce que la nature même s'élève contre ce crime) et qu'elle désigne le menteur du début et le père des mensonges comme l'auteur de notre mal, bien qu'à cette propension de l'homme à la *fourberie* [...] qui doit pourtant avoir précédé, la raison ne puisse donner aucun fondement » (*Métaphysique des mœurs*, III, p. 718). Il est clair que Kant pense davantage au mensonge du serpent dans le paradis qu'au mensonge de l'homme devant Dieu. En ce qui concerne l'interprétation du péché originel par Kant, voir E. DREWER-MANN, *SB*, III, p. 1-59.

Son sentiment de carence et d'imperfection, celui de n'être pas justifié, d'être homme seulement, de ne pas être semblable à Dieu, le force constamment à se présenter comme autre qu'il n'est en vérité. La vie devient à cause de cela une mascarade, et un jeu de cache-cache. L'homme se terre dans le buisson de ses reproches et de ses alibis. Le monde désormais privé de sécurité ne lui apparaît plus que comme l'espace où organiser sa fuite, et il ne voit plus dans les choses qu'un moyen de camoufler sa honte : l'expérience d'une vie entière ne saurait suffire à confirmer la justesse de cette image. Bien sûr, le « masque » illusoire des « feuilles de figuier » est lui-même trompeur. Dans la mythologie, les feuilles de figuier étaient le symbole de la mort [10] et, en cherchant à se cacher, l'homme ne fait au fond que manifester plus clairement encore son inanité. Sans Dieu, personne ne peut demeurer ce qu'il est. L'angoisse de n'être qu'un homme pousse à vouloir être « comme Dieu », autrement dit à acquérir un statut fictif qui le débarrassera de sa peur d'exister sans justification. Souffrant de son humanité, il lui faut jouer au personnage absolu, infaillible et indispensable aux yeux des autres et de lui-même, ce qui ne fait que renforcer son sentiment tragique de sa faillibilité et de sa faiblesse. Un tel homme *est* menteur avant même d'avoir ouvert la bouche pour mentir.

Pour comprendre le caractère inéluctable de cette structure compulsive du mensonge dans le champ de l'angoisse et, par là même, pour se comprendre elle-même de l'intérieur, la théologie morale a absolument besoin de recourir à la doctrine psychanalytique des névroses. Car il n'est de névrose (avec tout son cercle vicieux de prétentions exorbitantes et de glissements dans la facilité, de sentiments d'infériorité et de surcompensations, de refoulements et de projections, de déformations et de négations de la réalité, de constants transferts et de compulsions de répétition) qui ne se laisse comprendre comme un mensonge commis sous l'effet de l'angoisse, autrement dit comme un mensonge devenu chronique par angoisse, comme un mensonge pathologique et vital, cela à condition de ne conférer aucun sens de reproche moral à la notion de mensonge, pas plus en psychanalyse qu'en théologie morale. À la différence de

10. Voir E. DREWERMANN, *SB*, III, p. 261.

l'éthique, ces deux disciplines ne doivent jamais se fixer comme premier objectif la restauration du comportement vertueux ; leur intérêt est avant tout de comprendre comment l'angoisse se tapit derrière toutes les déformations de l'existence humaine. En cela, elles doivent toujours partir de l'idée que l'homme, plongé *dans cette angoisse* que lui vaut l'éloignement de Dieu, jeté dans un monde impitoyable marqué par un projet de vie sans Dieu, *ne peut rien* faire d'autre que fuir la vérité de son propre être, et qu'il est donc « menteur dès le départ », menteur de bout en bout[11].

Les différentes formes de névroses nous permettent de systématiser concrètement les déformations que l'angoisse provoque dans l'existence, son inauthenticité structurelle, et par là de préciser la doctrine théologique du péché originel commis par angoisse.

En fait de mensonge, le *schizoïde* ne fait toute sa vie rien d'autre que de jouer vis-à-vis des autres un personnage tout à fait détendu et libéré de toute anxiété. Ce faisant, il ne remarque même pas à quel point la peur le conduit à éviter toute proximité, à décevoir amèrement tous ceux qui aimeraient s'appuyer sur lui, qui admirent son indépendance et sa liberté, et cela parce qu'à partir d'un certain moment une trop grande proximité supprimerait la distance où il a fui et ferait réapparaître l'angoisse refoulée. Il ne fait constamment que nier les contacts dont il ne veut pas : il est un piège vivant.

Regardons le *dépressif* : on le considère comme l'exemple même du brave type, soumis, aimable ; mais, en retournant sur soi son agressivité, il peut à la lettre agir à la façon d'un « loup déguisé en brebis » (Mt 7, 15) : ses sentiments destructeurs d'angoisse et d'infériorité le poussent constamment à des réactions de colère au cours desquelles il maudit les autres durement (le plus souvent en suivant le modèle intériorisé d'un de ses parents). Mais, comme son angoisse le pousse aussitôt à réprimer ces accès, c'est-à-dire à les refouler, il ne parvient jamais ni à se corriger par une meilleure expérience des autres, ni à donner à ceux-ci la moindre chance de se justifier. Finalement, ces dépressifs apparem-

---

11. En ce qui concerne la catégorie de « début » et son pendant philosophique, l'idée d'« essence », voir E. DREWERMANN, *SB*, I, p. XVIII-XXXI.

ment si amicaux sont plus fermés que des huîtres : ils ont tant peur de se faire avaler qu'ils refusent obstinément de s'ouvrir si peu que ce soit ; mais, sous leur manque apparent de prétention, ils peuvent vous sucer comme des pieuvres.

L'*obsessionnel* n'est pas moins menteur. Sa parcimonie, son amour de l'ordre, son sentiment de responsabilité, sa modestie, reposent sur une comédie ; « en vérité » sa façon d'idéaliser ses désirs, ses idées et ses prétentions font preuve d'une rigidité telle que l'on ne peut que se plier à ses volontés si l'on veut être un homme « raisonnable ». Sous le couvert d'une existence vertueuse et irréprochable, il peut cacher des pulsions chaotiques et anarchiques qui secouent parfois durement le couvercle du refoulement : ce sont de telles gens, partagés entre l'apparence et la réalité intérieure, que Jésus qualifiait de « sépulcres blanchis », peints de belles couleurs à l'extérieur, mais au fond d'eux-mêmes emplis de moisissures, de vie non vécue (Mt 23, 27).

Ce n'est plus entre l'intérieur et l'extérieur, comme c'était le cas chez le dépressif et chez l'obsessionnel, mais bien entre l'apparence et l'être que le mensonge de l'*hystérique* vient se nicher ; il doit perpétuellement se faire valoir comme autre qu'il n'est ; il ne parvient en effet à croire à sa raison d'être et à son droit de trouver place dans la société qu'à la condition de jouer parfaitement les rôles que les autres lui attribuent (croit-il). Le besoin de succès auquel il se condamne lui-même le contraint cependant à une tension constante, car il ne cesse de craindre d'être « découvert », ou « percé à jour », comme un escroc[12].

On peut donc dire de *toutes* les névroses que l'insincérité, la contradiction qu'elles comportent constituent une torture qui va croissant, se faisant de plus en plus sophistiquée et envahissante. Car comment vivre sans mensonge, si on doit craindre la vérité comme quelque chose de mortel ?

Quand Dieu vient rendre visite au jardin du monde, raconte le Yahviste dans le récit de la chute originelle, il demande à sa créature, à l'homme, où il se cache, et ce qui a provoqué chez lui la honte de sa « nudité[13] ». En général,

---

12. En ce qui concerne ces différentes névroses, voir E. DREWERMANN, « Péché et névrose », *La Peur et la Faute. Psychanalyse et théologie morale*, t. I, Paris, Éd. du Cerf, 1992, p. 93-130.
13. Sur Gn 3, 8-13, voir E. DREWERMANN, *SB*, I, p. 79-85 ; II, p. 203-221 ; III, p. 207-209 et 238-241.

l'exégèse comprend cette question comme un « interrogatoire », ce qu'elle est très certainement dans l'expérience
d'« Adam ». Mais cette interprétation méconnaît ce qu'il y
a de plus effrayant dans cette scène : ce que veut dire exis-
tentiellement pour une créature le fait de ne pouvoir rencontrer son créateur que dans le cadre d'un interrogatoire la
remettant totalement en question (Qu'as-tu fait ?). Juridiquement, cette question est plus un ordre qu'un reproche — il
serait enfin possible de dire la vérité et, grâce à cette confession, d'échapper au cercle vicieux de l'angoisse et du mensonge. Mais si l'aveu de la vérité équivaut à une
condamnation à mort, on ne peut être sincère. On ne peut
que chercher des excuses, des « explications » qui ne font
que détourner toujours plus de cette existence, alors qu'il
faudrait fondamentalement la sauver.

Dans ces conditions, le mensonge apparaît d'une part
comme une condition formelle de la vie de l'homme au sein
d'une existence marquée par l'angoisse de la séparation de
Dieu ; et de l'autre, comme une fuite secrète, la pire qui soit,
celle qui accule l'homme à sa perte, y compris celle du corps
dans la maladie et la mort. En ce domaine encore, la théorie psychanalytique des névroses peut nous aider à affiner
notre sensibilité théologique.

Un homme ne ment jamais sans sombrer lui-même dans
la contradiction. Le plus souvent, l'expression corporelle suffit à manifester la vérité qui se cache derrière telle ou telle
parole mensongère, et il faut déjà une grande pratique pour
ne pas émettre involontairement un de ces signaux qui font
immédiatement et sans hésitation flairer l'imposture au spécialiste du comportement [14]. Au lendemain de la fête, la
contraction, la tension, l'affectation constante avec laquelle

14. Traitant du mensonge avec tout le corps, D. MORRIS analyse l'art
du maquignon professionnel, dans la catégorie duquel il range les acteurs
et d'autres « supermaquignons tels que les diplomates, les politiciens, les
avocats et les magiciens, les marchands de voiture d'occasion et les agents
immobiliers » (*Der Mensch mit dem wir leben*, trad. de l'anglais, Munich-
Zurich, 1978, p. 153-161). Parmi les signes de mensonge, il note le rac-
courcissement des gestes de la main, la façon de se toucher continuellement le visage (on se caresse le menton, on serre les lèvres, on se tire les
lobes des oreilles, on se passe la main dans les cheveux, on se touche le
nez, etc.) et différents autres mouvements corporels significatifs de fuite
retenue, mouvements de mains, sursauts, des changements soudain
d'expression.

on parle de cette soirée, où l'on s'est « si fantastiquement amusé » en « si magnifique compagnie », avec de « si bons amis » laissent leur cortège d'étourdissements, de tachycardie, de sifflements d'oreilles, de maux de têtes, de nausées : pas de meilleur poison que celui d'une telle amitié feinte. Mais cette obligation de s'adapter culturellement peut se prolonger bien au-delà d'une simple soirée, tant, contraint et forcé, on a déjà eu à s'y plier dès l'enfance à croire que notre « culture » provoque ce genre de vie pour nous obliger à payer le prix de notre mensonge chronique. Or c'est ce que nous dit à sa façon le récit yahviste en nous racontant comment, dans son angoisse au lendemain de la chute, l'homme chassé par Dieu ne peut plus entendre la parole de son créateur que sous forme d'admonestation moralisante et d'exigences ; incapables de lui procurer le repos du cœur, celles-ci font au contraire monter l'étiage des pulsions refoulées[15]. Dans le ghetto de la peur, tout l'effort d'adaptation à la vie commune consiste à se faire violence ou à recourir au mensonge bien intentionné pour se protéger contre l'énergie meurtrière de ses voisins, de son « frère ». On peut tenir pour totalement fausse, ou pour exagérée, l'équivalence constamment réaffirmée depuis Rousseau entre culture et hypocrisie ou mensonge ; elle touche tout au moins nécessairement toutes les formes de vie commune fondées sur la peur[16]. Quelle part d'agressivité ne trouve-t-on pas derrière la façade de l'éternel sourire, et quelles pulsions sexuelles ne se cachent-elles pas derrière celle de la pruderie et de la bigoterie ? Et dans quelle mesure cela ne se fonde-t-il pas sur la peur, avec tout son cortège de mensonges ?

15. Sur l'interprétation de l'histoire de Caïn et d'Abel, en Gn 4, 1-16, voir D. DREWERMANN, SB, I, p. 126-133 ; II, p. 257-264 ; 267-276 ; III, p. LXXI-LXXII ; 263-278.

16. Dans son Discours sur l'origine et les fondements de l'inégalité parmi les hommes (Amsterdam, 1755), J.-J. Rousseau cherche à montrer comment, avant la civilisation, le « sauvage » vivait en paix dans l'ordre de la famille, sans connaître ni les injonctions de la morale ni la notion de la propriété. Il aura fallu la sédentarisation et les premières formes d'appropriation du sol pour que naissent les premières oppositions sociales avec leur cortège de luttes et de vols. Chez Rousseau, la condition présociale du « noble sauvage » est une construction purement théorique à laquelle on ne trouve aucun correspondant historique réel, mais dont on a besoin pour pouvoir juger en fonction d'elle la corruption fondamentale de la société présente.

Et pourtant ce mensonge permanent est par trop fatigant, dès lors qu'il faut le maintenir à force de volonté. Finalement, la moralité ne protège pas aussi bien contre l'angoisse que la maladie[17], à la différence près que celle-ci est très ambivalente : en renvoyant au niveau du corps les pulsions refoulées, nous ne réussissons finalement à rien d'autre qu'à lui faire ainsi mieux exprimer la vérité que nous ne saurions consciemment la dire, ce que font bien voir les symptômes hystériques de conversion ; à moins que le mensonge ne prélève son tribut sous forme de *troubles fonctionnels* et de *maladies psychosomatiques*, coût qui devrait paraître effroyable si ne survivait encore en eux un reste de la vérité reniée : angine, bronchite, ulcère, etc., ne sont finalement que des souvenirs désespérés d'une nature épurée des désirs et des besoins qui la définissent, mais que l'angoisse nous empêche de jamais pouvoir reconnaître légitimes ; et ce n'est que si nous parvenons à découvrir le sens de toutes ces indispositions, au lieu de refouler les dernières traces de vérité à coup de médicaments ou de prothèses, que la pression de la souffrance nous conduira à déboucher sur une vie nouvelle un peu moins chargée d'angoisse. La véracité a pour condition indispensable la disparition de la peur qui nous contraint au mensonge.

Mais comment se débarrasser de cette peur ? Comment retrouver le chemin de l'Éden ? Telle est la question capitale, celle qu'on trouve au centre de la plupart des grandes religions.

LA CONFIANCE, CONDITION ESSENTIELLE DE LA VÉRACITÉ

Il ne suffit manifestement pas d'avoir peur de la peur, donc de renforcer la pression de la souffrance : une telle thérapie du désespoir peut sans doute porter à son terme un faux cheminement, mais non conduire à un nouveau départ. Pour vaincre l'angoisse, il faut une confiance permettant d'accomplir ce que celle-ci fait paraître impossible : nous avouer à nous-mêmes notre misère en vérité, sans faux-

---

17. Voir S. FREUD, « La morale sexuelle civilisée et la maladie nerveuse de notre temps », *La Vie sexuelle*, trad. D. Berger, Paris, PUF, 1969, p. 28-46, spéc. p. 39.

fuyant, qu'on la qualifie de petitesse, d'incapacité ou de péché.

Une fois de plus, la psychothérapie peut permettre au théologien de mieux comprendre ce qui se passe. Car, dans la mesure où la psychanalyse cherche à comprendre les maladies psychiques essentiellement à partir du refoulement de certaines pulsions, autrement dit à partir de la privation des présentations verbales des excitations pulsionnelles correspondantes, la thérapie doit se fixer comme tâche de rendre dicible ce que l'angoisse rendait jusque-là indicible, et de traduire en mots ce qui jusqu'alors ne trouvait à s'exprimer que dans les symboles du rêve ou dans les symptômes du corps ou dans les troubles du caractère. Ce qui revient à dire qu'il existe enfin quelqu'un, en la personne du thérapeute, qui nous permet d'éprouver peu à peu le sentiment confiant qu'il sera capable de protéger et d'apprécier la vérité sans plus proférer à notre encontre cette condamnation que constituent le retrait de l'amour, l'exil social, la dégradation morale. Le combat contre l'autocensure du patient et contre les angoisses et les sentiments de culpabilité engendrés par le transfert et la compulsion répétitive apparaît régulièrement comme la partie la plus difficile du traitement, et il ne peut réussir que si le thérapeute a appris à s'abstenir de tout jugement de valeur et de toute condamnation morale à l'égard de son client. Il ne s'agit jamais de se demander comment rendre les souvenirs, les affects, les désirs ou les pensées de celui-ci conformes à certaines normes morales ; le seul problème est de comprendre l'origine et les raisons de certaines associations ou de certaines déclarations, les événements et les motifs qui les sous-tendent. Seule l'« amoralité » de l'attitude de l'analyste[18] rendra possible la mesure de vérité et de véracité, d'accord intérieur et de confiance susceptible de fonder ensuite une vraie moralité. Seul un amour suffisamment désintéressé, et une compréhension suffisamment profonde pour calmer les inquiétudes de l'angoisse existentielle fondamentale, peuvent redécouvrir la vérité profonde de l'existence de l'autre, la beauté originelle de son être et la justification secrète même de ses supposées mauvaises actions

18. Voir E. DREWERMANN, « De l'amoralité de la psychothérapie, ou de la nécessité d'une suspension de l'éthique dans le religieux » dans *Psychoanalyse und Moraltheologie*, I, p. 79-104 (non traduit en français).

et mauvaises pensées. Tout comme dans les miracles de Jésus, il s'agit finalement de rendre à l'autre la vision de sa splendeur inconditionnelle et de la valeur de ce qu'il est par tout son être. Seul un tel retour à la vérité offre le modèle et permet l'expérience de ce que la religion décrit comme « salut » ou comme redécouverte de l'état originel. C'est ce qu'il nous faut maintenant tenter de comprendre en faisant une fois de plus appel à l'enseignement du Yahviste.

Dans son récit de l'histoire des origines, le tournant où se décide le salut ou la perte n'est pas immédiatement la chute, mais le moment où intervient vraiment le mensonge, sous l'effet de la peur ressentie devant Dieu au lendemain du péché. Les hommes, qui ont fauté par angoisse, ne réussissent pas à reconnaître leur faute, toujours sous l'effet de cette angoisse. Or cet aveu précisément aurait encore pu les sauver, en dépit de tout. Il leur aurait fallu s'en remettre totalement à la miséricorde d'un Dieu dont la menace de mort n'avait d'ailleurs fait jusque-là que les conduire au péché. Leur situation est similaire à celle de « l'enfant de Marie » du conte de Grimm [19] : cet enfant perd le ciel, non pas parce qu'il a enfreint le commandement de la mère de Dieu, en ouvrant les treize portes, mais parce que, par peur de perdre le paradis, il n'a pu laisser venir à ses lèvres la vérité, la confession de son péché. La suite se déroule comme dans le récit yahviste, où l'homme, dans son souci de nier sa faute, retombe nécessairement dans le malheur et dans le péché. Mais, tandis que, dans le conte de Grimm, le caractère inéluctable de la situation finit par contraindre l'enfant à la vérité en dépit de toutes ses résistances, le réalisme du Yahviste le contraint en quelque sorte à affirmer l'impossibilité d'améliorer l'homme : talonné par l'angoisse et le mensonge, la violence et la fausseté, il poursuivra sa route jusqu'à « Babylone » ; et il n'y aurait pas moyen d'échapper à cette spirale de peur et de mensonge, si Dieu ne venait lui-même poser un nouveau départ, celui que le Yahviste voit dans la vocation d'Abraham (Gn 12, 1-3) et dont il perçoit la réalisation en Israël (ou en Jérusalem) [20].

À travers sa doctrine du péché originel, le christianisme qui, dans le Nouveau Testament, se perçoit lui-même comme

19. Voir E. DREWERMANN-Ingritt NEUHAUS, *Marienkind. Grimms Märchen tiefenpsychologisch gedeutet*, Olten-Fribourg, 1984.
20. E. DREWERMANN, *SB*, I, p. 310-320.

le véritable Israël[21], a repris cette vision yahviste du monde, mais l'a en même temps complétée par les appels de Jésus à la véracité totale.

On ne saurait comprendre le caractère libérateur des paroles de Jésus sur ce thème, celles du sermon sur la Montagne, si on se contente d'y voir le kaléidoscope d'une morale particulièrement rigoureuse ou une « éthique provisoire », un peu à la façon de Léon Tolstoï ou d'Albert Schweitzer[22]. Comme toutes les déclarations, paraboles ou maximes de Jésus, cette prédication tire plutôt sa force d'une confiance totale, non pas dans les mérites de l'homme, mais en ce Dieu que lui-même appelle son Père et notre Père : seul cet entier abandon religieux le conduit à affronter le risque de croire aussi aux hommes, au sens humain du terme : chose extrêmement difficile, puisque, au terme de sa brève existence, il se heurte à la trahison et à l'abandon de ses disciples, à la calomnie de ses adversaires religieux, à son exploitation par les politiciens qui le mettent à l'encan, aux moqueries et aux soufflets des sbires, avant de se voir finalement éliminé et anéanti, moralement et physiquement. Mais qu'est-ce que tout cela, si on le compare au mal que se fait l'homme en faussant sa vie par peur des autres, au point de finir par se mépriser lui-même et de se cracher lui-même au visage ? Or, voilà qui est remarquable, c'est la confiance de Jésus en Dieu qui lui permet de dépasser cette méfiance craintive et horrible qui est celle de l'homme envers l'homme ; c'est elle qui lui donne de sentir combien mentir n'est pas profitable, au sens le plus profond du terme, à quel point c'est vraiment superflu. Avec une perspicacité qui frôle presque le cynisme,

---

21. W. Trilling a magnifiquement montré comment l'Église primitive, telle que la présente Matthieu, s'est comprise comme la continuation de l'ancien Israël. Voir en particulier la parabole des invités au festin de noce (Mt 22, 1-14) : l'évangéliste y décrit le règlement de compte avec l'ancien peuple de l'alliance, qui a rejeté toutes les invitations et n'a cessé de tuer les envoyés du roi ; pour lui, la chute et la destruction de Jérusalem, en 70, est la juste punition de la cité des meurtriers (Mt 22, 7). Mais l'invitation au repas lancée par le roi s'adresse désormais à tous ; voir W. TRILLING, *Das wahre Israël. Studien zur Theologie des Matthäus-Evangeliums*, Munich, 1964, p. 84-87.

22. En ce qui concerne l'interprétation moralisante du sermon sur la Montagne, voir E. DREWERMANN, *Der Krieg und das Christentum. Von der Ohnmacht und Notwendigkeit des Religiösen*, Ratisbonne, 1982, p. 201-206 ; 215-230.

Jésus dévoile le caractère trompeur et corrompu de la notion de vérité, telle que la véhicule la société. Car celle-ci accepte au fond le mensonge comme un fait ; elle ne peut tout au plus que tenter de le limiter dans certains cas d'exception en recourant au serment, faisant ainsi de Dieu un superpolicier, un ultime recours de l'État lorsque celui-ci n'est plus capable de se défendre contre l'imposture autrement qu'en maniant la trique. Jésus, lui, en arrive même à répudier totalement le serment : il n'y voit plus qu'une façon de faire de Dieu un simple instrument de peur et d'intimidation, car il reconnaît clairement l'impossibilité de maîtriser le mensonge, né de l'angoisse, en faisant appel à une sorte de « contre-angoisse ». Plutôt que se faire de Dieu l'image d'un horrible épouvantail, il voit en lui le seul support possible d'une confiance rendant capable de se passer du mensonge. « Que votre oui soit oui, que votre non non : ce qu'on dit de plus vient du mauvais », osait-il alors opposer avec fierté et courage à l'encontre d'un monde de tromperies (Mt 5, 37 ; voir Jc 5, 12). Le suivrait-on dans la foi ? On verrait s'effondrer « l'ordonnance babylonienne » du monde, et les hommes redeviendraient ce qu'ils sont ; nus, sans doute, mais sans honte les uns devant les autres, faillibles, mais s'accueillant les uns les autres, limités, mais capables de se compléter en faisant alliance.

Seul ce cadre d'une confiance littéralement offerte par Dieu pourrait permettre aux hommes de se retrouver comme Jésus le souhaitait : en frères et sœurs qui n'ont plus besoin de se cacher les uns des autres, qui peuvent se dire les choses telles qu'elles sont, sans artifices dialectiques. Plus besoin dès lors de « oui », pour camoufler son « non » ; de « cela va bien », pour prévenir des questions gênantes ; de « je serais très heureux de vous revoir », pour éviter de se voir reprocher son incivilité ; de « je n'ai malheureusement pas le temps », pour ne pas avoir à dire « je ne veux pas ». Ou, à l'inverse, plus besoin de « non » au lieu de « oui ». Une fois débarrassé de sa peur, pourquoi déclarer « je ne peux pas venir demain », plutôt que « je t'aime tellement que j'aimerais revenir, mais j'ai presque peur de te gêner » ? « Je ne veux pas », au lieu de « je voudrais bien, mais j'ai honte » ? Plus besoin non plus de prêter un sens contraire aux propos d'autrui, comme si nous vivions dans un monde de névrosés. Pourquoi penser que celui qui vous a dit « votre nouvelle robe vous va très bien » avait pour seule intention de vous critiquer : « elle est trop chère... démodée... criarde », en tout cas « impossible ». Seule la confiance peut vaincre les grimaces et les sous-entendus que l'anxieux voit partout, ne cessant, comme le fait en particulier le dépressif, de transformer les oui en non et les compliments et les déclarations de reconnaissance les plus sincères en réclamations, en condamnations ou en arrière-pensées déguisées. Bien sûr, pour être aussi assurée, une telle confiance en l'homme nécessite absolument la sécurité totale que seule procure le sentiment religieux d'une existence fondée sur Dieu ; mais le problème consiste aussi en ce que, en retour, cette confiance dépend également de la rencontre d'une personne à laquelle on peut se fier sans réserve. La foi en Dieu fonde celle en l'homme, et ce sont à leur tour les hommes qui rendent la première possible à la créature. Ce que la psychanalyse tente de susciter à travers un entretien de personne à personne débouche finalement sur la religion, autrement dit sur un dialogue entre Dieu et l'homme ; et, réciproquement, ce que fonde la religion, c'est une capacité d'amour capable de vaincre par un élan de confiance en soi et en l'autre la plus grave blessure de l'angoisse : le mensonge de l'existence. Jamais psychanalyse et théologie ne sont plus proches l'une de l'autre que lors de ce triomphe sur la peur, en ce moment où l'homme s'éprouve protégé en Dieu.

MENSONGE PAR OBLIGATION, SENS DES RESPONSABILITÉS, ET MENSONGES IRRESPONSABLES

Cependant le problème du mensonge ne diffère pas *a priori* de celui de l'hostilité entre les humains : il semble indispensable, dans « la lutte pour la vie » aussi longtemps que l'on doit craindre d'avoir le dessous, en disant la vérité[23]. Comment des « brebis » peuvent-elles vivre au milieu des « loups » (Mt 10, 16), alors que la raison pratique semble fort souvent plus proche du mensonge que de la vérité ? Certes, l'homme de la confiance n'a pas besoin de mentir ; mais

---

23. En ce qui concerne l'aporie du pacifisme dans un monde de militarisme agressif, voir E. DREWERMANN, *Der Krieg und das Christentum*, p. 123-230.

il peut rencontrer tous les jours quelque personnage douteux à la recherche d'un avantage immédiat, un avantage qui, dans certaines circonstances, peut même se révéler décisif. La question du mensonge se transforme donc en problème du choix des moyens à prendre pour défendre avec suffisamment d'efficacité ses propres intérêts ou le bien qu'un autre vous aura confié.

Dans le domaine de l'éthique, mais aussi en théologie morale, l'héritage de l'idéalisme allemand s'est toujours, et jusqu'à maintenant encore, traduit par un point de vue extrêmement rigoureux : le mensonge est un mal absolu *(objectum malum ex toto genere sui)*, donc quelque chose qu'on ne saurait jamais justifier, quels que soient son but ou son motif. Tout au plus admettrait-on dans certains cas urgents qu'on taise une partie de la vérité *(restrictio mentalis)*, même si cela revenait à induire volontairement l'autre en erreur[24]. Par cette clause, on admet aussi qu'il n'est pas toujours possible de dire en toute responsabilité « toute la vérité et rien que la vérité ». Mais, en morale catholique, on se refusait à reconnaître qu'il puisse exister un « devoir de mentir », tout comme une nécessité de commettre le mal, pour assumer ses responsabilités. On était persuadé que la théorie de la *restrictio mentalis* suffisait à régler ce problème, malgré l'extrême diversité de ses aspects.

En regardant les choses de plus près, la restriction mentale, loin de libérer, débouche sur l'absurde. En premier lieu parce qu'il faudrait vraiment disposer de bonnes capacités pour couper les cheveux en quatre et de beaucoup de bagou pour arriver, en cas d'urgence, à se tirer d'affaire à coups de propos voilés et de tournures alambiquées ; d'autre part

24. C'est ce qu'écrivait J. Mausbach : le mensonge consiste « à dire consciemment quelque chose de faux ». Comme il est « intrinsèquement coupable », il ne saurait jamais être permis. La dissimulation de la vérité *(restrictio mentalis)* peut être soit *restrictio pure mentalis*, autrement dit une parole « dont le sens véritable est seulement celui que pense intérieurement le locuteur, mais qui ne peut pas être connu par l'auditeur ; soit *restrictio late mentalis, seu realis*, autrement dit « une façon de parler ambiguë où l'auditeur pourrait saisir à travers les mots ou les circonstances le vrai sens de ce que dit le locuteur ». La *restrictio pure mentalis* est à considérer comme un mensonge, tandis que la *restrictio realis* peut être autorisée ou même obligatoire dans certaines circonstances (J. MAUSBACH, *Katholische Moraltheologie*, Münster, 6e éd., 1930, III, 2e partie, p. 242-252).

cette façon de voir les choses revient à limiter le problème de la vérité de nos paroles, autrement dit celui de la véracité, à une pure question d'échange de signes verbaux de communication. On n'envisage même cette tranche extrêmement restreinte de ce vaste ensemble qu'est la communication humaine (qui se fait aussi par la gesticulation, la mimique, l'intonation, l'articulation, etc.) que dans le pur cadre de la logique formelle des propositions.

Dans l'Église catholique, on peut encore noter la persistance de cette tendance à croire que des abstractions artificielles suffisent à résoudre les problèmes de l'existence. Un des théologiens moralistes les plus lus dans les années cinquante, capable d'éditer trois volumes remplis de citations interminables de Pie XII pour mieux se protéger, a montré ce à quoi on peut alors aboutir lorsqu'on entre dans cette logique. Quelqu'un commet-il quelque part une effraction, donc une atteinte au droit de propriété ? Le propriétaire a le droit de défendre son bien, au besoin par la force ; or il dispose d'une arme, mettons d'un revolver ; dans cette logique, il lui est permis de menacer son agresseur et, si c'est inévitable, de tirer sur lui. Ce meurtre par nécessité est légitime, car c'est un « langage » clair et franc. Qu'en est-il alors si le propriétaire ne dispose pas d'un véritable revolver, mais seulement d'une arme dissuasive ? Sans doute celle-ci lui permet-elle de menacer effectivement le voleur, mais la menace elle-même n'est que feinte et n'existe pas réellement. Il s'ensuit nécessairement qu'en menaçant ainsi ce voleur on commet vraiment un mensonge, et par conséquent il faut considérer l'usage de cette arme factice comme immoral. D'où il s'ensuit encore qu'il faut prohiber comme en soi immoral, non seulement l'usage, mais déjà le simple caractère de cette arme, car son seul but est de tromper et elle constitue par principe un instrument de mensonge : le devoir du moraliste serait donc de pousser les fabricants à renoncer à la production de tels engins (ainsi qu'à celle d'autres instruments dissuasifs) et de leur recommander plutôt de fabriquer suffisamment d'armes « vraies ».

Pascal a un jour déclaré qu'une donnée absurde à laquelle on a été conduit par un processus de pensée vraiment logique devait permettre de remonter sans aucun doute possible à l'absurdité de ses prémisses. Aux yeux de tous ceux qui ne sont pas aveugles, la conclusion précédente, tirée très correctement et en toute bonne foi des principes de la morale catholique, est manifestement aberrante. Le principe de cette morale selon lequel *chacun* doit *dans tous les cas* dire la vérité ne saurait donc être exact.

Certes, au cours des vingt dernières années, la morale catholique a limité, ou même éliminé, cette façon de voir, celle, largement fondée sur le thomisme et la néoscolastique, qui conduisait à juger isolément d'un « objet » et, suivant les cas, à le déclarer soit tout simplement « immoral », soit permis. Conjointement à l'influence de la philosophie existentielle et de son « éthique de situation »[25], l'enseignement de Duns Scott selon lequel on ne peut juger d'un acte qu'en fonction des circonstances (en tant qu'*actus circumstantionatus*) a apporté un peu plus de souplesse, sans qu'on en ait pour autant fait bénéficier le mensonge en l'appréciant avec un peu plus de justice ; car, lorsque la tromperie ne tient pas aux contradictions et aux ambiguïtés de l'existence humaine que nous avons décrites, mais à la nécessité de se défendre contre le comportement injustifié d'un tiers, on s'accroche manifestement à la vieille thèse de base de Kant, à laquelle on n'a toujours pas assez réfléchi, selon laquelle, *en toutes circonstances*, on doit la vérité à l'autre, en tant que cette personne peut raisonnablement y prétendre.

S'écartant de l'immense majorité des auteurs, Arthur Schopenhauer, grand disciple de Kant, a pensé pouvoir sur ce point contredire son maître et modèle admiré. Pour autant qu'on puisse en juger, il a été le premier — et le seul — à poser la question du mensonge dans le cadre plus vaste de la problématique de la nécessité[26], et à le considérer par

---

25. K. RAHNER demande fort justement : « N'y a-t-il pas des cas en casuistique où c'est *a priori* en vain qu'on cherche une solution univoque par déduction syllogistique [...] alors qu'il est impossible d'en trouver par ce moyen, car on ne saurait jamais l'atteindre à partir de la généralité ? » (« Über die Frage einer formalen Existentialethik », *Schriften zur Theologie*, II, Zurich-Cologne, 1962, p. 242). Le véritable problème ne porte pas sur la différence entre l'essence et l'existence, entre l'universel et l'individuel, mais sur la contradiction tragique des principes moraux dans la situation concrète : pour la morale catholique, ce problème ne semble toujours pas exister. Voir E. DREWERMANN, « L'existence tragique et le christianisme », *La Peur et la Faute, Psychanalyse et théologie morale*, t. I, p. 48-73.

26. Pour lui, l'aversion inconditionnelle de Kant à l'égard du mensonge n'est que pur moralisme déclamatoire en contradiction flagrante

conséquent comme une *arme* contre un emploi injustifié de la violence, à la façon d'un couteau ou d'un revolver, avec cette seule différence qu'il s'agit d'une contre-ruse sans danger, autrement dit plus facile à pratiquer dans la mesure où elle n'entraîne pas le risque de conflits mortels.

À ce point de vue de Schopenhauer, on a objecté (et on objecterait sans doute aujourd'hui encore) que la vérité constitue la base de la vie commune et qu'il faut donc lui attribuer plus de valeur encore qu'au droit à la protection de l'intégrité de la personne ; que le mensonge ne doit pas dégénérer en simple « moyen » dont chacun pourrait disposer,

avec la morale que « ne cessent de pratiquer tous les jours les gens les meilleurs et les plus sincères » (A. SCHOPENHAUER, « Preisschrift über die Grundlage der Moral, ouvrage *non* couronné par la Société danoise des sciences de Copenhague, le 30 janvier 1840 », *Sämtliche Werke*, Wiesbaden, 3ᵉ éd., 1972, t. IV, p. 222-226). Il considère que, pour apprécier le mensonge, il faut radicalement changer de point de vue : ce qui décide de la valeur d'un acte ou d'un comportement, ce n'est pas l'acte lui-même, mais sa motivation. Il conclut donc : « Tout comme je puis, sans avoir tort, donc en ayant raison, chasser la violence par la violence, je puis aussi le faire par la ruse, si je cesse de disposer du pouvoir ou que je trouve cela plus commode. Chaque fois donc que j'ai le droit de disposer de la force, par exemple contre des voleurs ou des personnes usant injustement de la force, j'ai le droit de recourir à la ruse en leur tendant des pièges. Mais le droit au mensonge va en fait plus loin encore : il vaut pour toute question non pertinente concernant mes affaires personnelles ou commerciales, ou toute curiosité déplacée que je ne puis me contenter de récuser par un simple ''je ne veux pas en parler'', car cela reviendrait du même coup à éveiller la méfiance. Le mensonge est alors le moyen de défense nécessaire contre cette indiscrétion, le plus souvent fort mal intentionnée. En effet, tout comme j'ai le droit d'opposer par avance une résistance physique à celui dont j'ai des raisons de présumer la mauvaise intention et l'agression physique, cela aux risques et périls de l'intrus, de hérisser le mur de mon jardin de pointes acérées ou, la nuit, de lâcher des chiens méchants dans ma cour, ou même, dans certains cas, de disposer des trappes ou des pétards, des effets nocifs desquels le perturbateur n'aura qu'à s'en prendre à lui-même, j'ai aussi le droit de maintenir à tout prix le secret de ce dont la divulgation reviendrait à m'exposer sans défense à l'attaque de l'autre ; pour avoir le droit d'agir ainsi, il me suffit du plus léger soupçon concernant la mauvaise volonté de ce tiers ; cela m'autorise alors à prendre des mesures à l'encontre de celui-ci » (p. 222-223). À côté de cette nécessité de se défendre contre la force et la ruse, Schopenhauer reconnaît aussi « le devoir de mentir » au médecin par exemple, ou le mensonge, tout de noblesse, de celui qui endosse la faute d'un autre. Finalement, c'est en toute conscience que Jésus (voir Jn 7, 8) a lui-même affirmé une fois quelque chose qui n'était pas vrai (p. 225).

sous peine de remettre inévitablement en question la solidarité fondée sur le droit et la vérité. Mais cette objection
se contredit elle-même. Car la légitime défense indique
ipso facto qu'on est en présence d'un cas de rupture de la
communauté de droit, et sa raison d'être est précisément de
protéger ou rétablir non seulement le droit de la personne,
mais plus fondamentalement celui de tous. Certes, on pourrait encore faire valoir contre cet argument que, même en
cas de nécessité, la conservation du droit ne saurait reposer
sur le recours à des moyens en soi immoraux; or le mensonge est bien en soi quelque chose d'immoral, et on ne saurait donc y faire appel, même en cas de légitime défense.
Mais pourquoi tel mensonge devrait-il justement valoir *a
priori* comme immoral ? Seulement parce que la personne
humaine, en tant qu'être raisonnable, aurait *a priori* un droit
à connaître la vérité ? Telle est la seule raison plausible d'une
interdiction absolue de la tromperie, mais une raison qui ne
saurait plus prétendre à une valeur absolue en cas de légitime défense. Car sans doute chaque homme raisonnable a-
t-il droit à la vérité; mais c'est une chose de parler de
l'homme, en soi et pour soi, et c'en est une autre de prendre position face à tel homme auquel on se trouve avoir
affaire dans une situation donnée. Quand il appert que
l'autre est fermement décidé à commettre une injustice, et
qu'il entend lui-même réduire la vérité à un moyen utile pour
atteindre son but injuste, il agit en contradiction avec la
nature de sa propre personne aussi bien qu'avec celle de
l'autre et, par son comportement, il force ainsi cet autre à
prendre des mesures susceptibles de compenser cette contradiction avec ce qu'il est lui-même. Tant par son vouloir que
par son acte, l'agresseur se montre indigne de la vérité et,
en détruisant lui-même les conditions de la communication
humaine, il se rend personnellement responsable du mensonge par lequel l'autre tente de se défendre contre lui. Dans
la mesure même où, par sa conduite, il s'exclut lui-même de
la communauté de droit, il crée les circonstances autorisant
l'autre à lui mentir en cas de besoin. Et si on admet qu'il
est légitime de contester à un autre le droit à la vie, dès lors
que cet autre, par son action, créerait une situation rendant
impossible toute prise en considération de ce droit, on doit

bien aussi faire place à ce droit « moindre » qu'est celui du mensonge en cas de légitime défense[27].

Cette perspective est la seule qui permette de répondre à la question, toujours et encore posée, de la nécessité du mensonge dans certaines circonstances de la vie quotidienne, sans se heurter à de graves contradictions touchant l'évidence du juste et de l'injuste.

Pour illustrer ce droit, ou même ce devoir de mentir, rappelons des scènes fréquentes sous le Troisième Reich, époque d'un terrible conflit entre droit et justice. La *Gestapo* fouille une maison où s'est caché un juif. Il est évident qu'on cherchera à la tromper le plus possible. Juif ou slave, on aura tenté de se procurer un faux certificat d'arianisme, seule protection possible contre les sbires SS. Autre exemple : un médecin feint hypocritement l'enthousiasme pour le nazisme, ce qui lui permet de sauver des prisonniers d'un camp de concentration, etc. Tous ces cas illustrent surabondamment la thèse de Schopenhauer suivant laquelle il est impossible de récuser raisonnablement le mensonge en cas de légitime défense.

Au-delà de cette discussion générale sur les moyens de combat permis ou défendus, la réflexion de ce philosophe présente le grand avantage d'aider à approfondir anthropologiquement le phénomène du mensonge, en le fondant sur une psychologie du comportement. En effet, au lieu de ne le considérer que comme un problème strictement humain, il recourt à la biologie et à l'éthologie pour montrer que le mensonge, autrement dit le fait d'induire l'autre en erreur, que ce soit un prédateur ou un fauve, joue un rôle extraordinairement important dans l'évolution. C'est ainsi que le phénomène du mimétisme[28] provoque chez certaines plan-

27. Le rabbinisme connaît un raisonnement « du plus petit au plus grand » (le *gal vehomer*) qui, à tenir strictement compte des lois de la logique formelle, est plus que douteux, puisqu'il consiste à généraliser des points de vue acquis à partir d'un modèle vérifiable en les transposant à un niveau de complexité supérieure. Mais on doit bien pouvoir conclure aussi du plus grand au plus petit, et il est donc absurde d'accepter le revolver et d'exclure le mensonge. Il faudrait même souhaiter voir l'intelligence progresser au point de pouvoir substituer la finesse de la ruse à la brutalité de la violence physique.

28. « Le mimétisme suppose deux émetteurs de message — nommons-les S^1 et S^2 — qui émettent le même signal et qui ont au moins un récepteur (R) réagissant de la même façon au même signal. On nomme le pre-

tes, insectes ou vertébrés une modification totale de leur forme et de leur couleur, leur permettant ainsi de prendre aux yeux de l'agresseur une apparence qu'on peut dire trompeuse, qu'elle soit répugnante, effrayante ou pacifique ; ou bien, lors d'une attaque, les organes dangereux, aiguilles ou mâchoires, ne se trouvent plus là où on pourrait les attendre : la tête et l'abdomen se confondent, et le danger mortel disparaît sous une forme effacée et un air tranquille, etc. Innombrables sont dans la nature les manœuvres trompeuses et les comportements pièges, largement instinctifs et innés, permettant d'échapper à un prédateur ou de tromper un assaillant, et ils ont tous été, et restent apparemment nécessaires pour survivre dans la lutte pour la vie.

Certes, il faut maintenant bien voir la différence entre ce genre de tromperies dans le règne animal, dont les variations sont infinies, et le mensonge humain : la lutte pour la vie, telle qu'elle se déroule dans le règne animal entre les espèces, se poursuit chez l'homme qui ne renonce pas au mensonge, même dans le cadre de l'espèce. Mais cette différence ne fait que confirmer, plutôt que contredire, la relation entre le mensonge et la violence que souligne Schopenhauer. Car

mier émetteur ''modèle'', le second ''mime'', et l'ensemble ''système mimétique'', quand il est avantageux pour le récepteur (ce que nous signalerons par le signe $+$) d'ajuster sa réaction à l'un des deux signaux et désavantageux ($-$) de l'ajuster sur l'autre. Ce que nous pouvons écrire : $S^1 + R - S^2$. Ce qui nous donne maintenant la possibilité de vérifier qui est le mime et qui est le modèle [...]. Le modèle est celui des deux émetteurs de signal qui provoque chez le récepteur la réaction qui lui est la plus favorable [...]. Pour le mime, la réaction du récepteur est naturellement toujours favorable » (W. WICKLER, *Nachahmung und Täuschung in der Natur*, Francfort, 2e éd., 1973, p. 239-240). En y regardant de plus près, on distingue le mimétisme batésien, celui que pratique une espèce non venimeuse et sans défense lorsqu'elle imite une espèce dangereuse pour s'assurer la tranquillité, sous la livrée du modèle ; le mimétisme mertensien, où le mime imite, non plus l'espèce la plus agressive, mais une autre moins agressive que la sienne, afin de ne pas effrayer sa proie ; le mimétisme peckhamien, ou mimétisme d'agressivité : le prédateur prend l'apparence d'une espèce inoffensive pour pouvoir attaquer plus efficacement, sous ce camouflage, — comme le loup dans le conte des *Sept Petites Chèvres*. Le mimétisme mullerien est un faux mimétisme, où le récepteur du signal, le prédateur évite, fort sagement, tous les représentants d'un groupe dont les couleurs le mettent en garde ; il n'est donc pas induit en erreur : il n'y a ni modèle ni mime, et donc pas de mimétisme au sens propre du terme.

l'homme est le seul être à recourir contre ses propres congénères aux techniques d'attaque et de défense que les animaux ne mettent en œuvre que contre les espèces prédatrices ennemies : étant le seul à être passé de la chasse à la guerre[29], comment n'aurait-il pas eu recours au mensonge comme à une arme dans le conflit avec ses pareils ? On peut alors appliquer valablement au problème de la ruse les règles qui autorisent moralement l'emploi de la force dans certaines circonstances (comme moyen de détourner ou de limiter une violence injuste).

Il faut aussi se rappeler que ces « règles d'urgence » ne résolvent absolument pas le problème du mensonge lui-même, mais ne font d'une certaine façon que le bureaucratiser et le monopoliser. La reconnaissance du droit de mentir en cas de nécessité peut de plus nourrir l'optimisme éthique selon lequel il ne saurait valoir qu'en des cas exceptionnels bien précis, ce qui ne ferait en définitive que conforter la règle générale du devoir de véracité. Mais les choses ne se passent pas ainsi. S'il est exact, comme l'affirme la religion, que, à moins d'être sauvés, c'est à la fois l'humanité dans sa totalité et l'individu particulier qui vivent dans le mensonge et qui, dans leur angoisse, se montrent fondamentalement incapables de vivre dans la vérité, le mensonge n'est plus exceptionnel : il devient le cas normal, la situation de base de l'humanité. Or les arguments en faveur de ce point de vue ne sont pas seulement théologiques, mais aussi historiques ; car, il faut bien l'admettre, tout au long de l'histoire de l'humanité, le mensonge n'a cessé de progresser au rythme même du développement de l'intelligence, cela non seulement parce qu'il comporte toujours un minimum d'astuce[30], mais aussi parce que, en tant qu'acte de violence

29. En ce qui concerne la relation entre la chasse et la guerre, voir E. DREWERMANN, *Der Krieg und das Christentum*, p. 46-49.
30. K. LORENZ montre à propos du chien et du chat que, contrairement aux préjugés, le chat ne peut se montrer « faux » : « Je ne saurais cependant pas considérer comme un avantage le fait qu'il soit hors d'état de jouer la comédie ; je considère en revanche comme un signe d'intelligence supérieure la capacité du chien en ce domaine » (*So kam der Mensch auf den Hund*, Munich, 1965, p. 65-69). Cet auteur cite l'exemple du chien qui, lorsqu'il a aboyé à tort contre son maître, continue ensuite à le faire contre n'importe quoi, même contre le mur, comme pour faire croire que son comportement inamical ne concernait en rien son maître.

verbale, il permet souvent d'éviter l'extension d'actes agressifs et qu'il offre donc une chance plus grande de survie à l'humanité prise dans son ensemble, ou qu'il constitue tout au moins un moindre mal ; ce à quoi il faut ajouter que la croissance de la vie publique depuis le début de la culture citadine a transformé ce qui n'était que moyen de défense de la vie privée en règle de bienséance et de civilité, donc presque en première règle de politesse. Il ne faut donc pas s'étonner si, comme l'affirme la religion, la vie en commun finit par ressembler parfaitement à celle de « Babylone » : le mensonge la pénètre et l'imprègne totalement.

Cela vaut en particulier pour la « raison d'État » : en posant des règles limitant le mensonge, la violence et l'égoïsme des individus, l'État peut difficilement faire autrement que de s'arroger un droit supérieur l'autorisant à mentir au nom du supposé intérêt du peuple qu'il est chargé de préserver. Tandis qu'il faudrait s'assurer de la moralité de l'individu, en particulier de sa fidélité et de sa fiabilité de façon relativement sûre, car elles sont les conditions nécessaires du maintien et de la garantie du jeu beaucoup plus compliqué des forces sociales et politiques, le « chef », lui, disposerait d'un « bref » l'autorisant à manipuler ces règles tout autrement que les gens du commun[31]. « *Quod licet Jovi, non licet bovi* », autrement dit, en traduction libre, tandis que, depuis le début de la culture citadine, la continuelle pression éducative n'a selon toute apparence jamais cessé de faire progresser et d'affiner la moralité individuelle, la moralité collective (celle des représentants du groupe, en tant que ceux-ci ont en vue « le bien commun »), en reste encore au stade de l'âge de pierre. S'il est un point où l'État semble le mieux illustrer ce que peut être le mensonge officiel, c'est bien en politique.

C'est une fois de plus Kant qui a formulé la règle supérieure de la morale politique en affirmant le principe de la « publicité ». Pour lui, il faudrait agir en politique de telle sorte qu'on puisse toujours rendre publics les motifs d'une

---

31. Voir les « Considérations actuelles sur la guerre et la mort », où FREUD non pas fustige mais constate en termes sarcastiques la monopolisation du crime entre les mains de l'État (*Essais de psychanalyse*, Paris, Payot, 3ᵉ éd, 1970, p. 235-267) ; voir E. DREWERMANN, *Der Krieg und das Christentum*, p. 139-140.

décision[32]. Il voyait dans l'interdit du mensonge le fondement unique et essentiel de la moralité de l'action officielle et politique. En théorie, qui ne comprendrait en effet que, s'il était loi d'airain, le principe kantien de la publicité balayerait immédiatement toutes les malversations de la vie publique ? — l'idée démocratique aurait enfin trouvé sa vérité.

Il n'est que plus affligeant de voir qu'il ne se trouve homme d'État au monde qui puisse appliquer les principes kantiens en politique, non qu'il faille nécessairement mettre en doute sa moralité subjective (ce qui peut occasionnellement être nécessaire), mais parce qu'il vit objectivement dans un monde où, en toute responsabilité, la véracité absolue est tout aussi peu opportune que le pacifisme absolu. Nul besoin de recourir aux artifices dialectiques de Hegel, avec tous les dangers idéologiques dévastateurs qu'ils comportent[33], pour

32. KANT déclare : « Quand je me représente, selon l'usage des jurisconsultes, le droit public dans tous ses rapports avec les relations des individus d'un État et des États entre eux, si je fais alors abstraction de tout le matériel, du droit, il reste encore une forme qui lui est essentielle, celle de la publicité. Sans elle, il n'est point de justice, puisqu'on ne saurait la concevoir que comme pouvant être rendue publique ; sans elle, il n'y aurait donc pas non plus de droit, puisqu'il ne se fonde que sur la justice » (*Projet de paix perpétuelle*, dans *Œuvres philosophiques*, Paris, Gallimard, « Bibl. de la Pléiade », t. III, p. 377). En faisant ainsi abstraction de la réalité empirique qu'implique la notion d'État ou de droit des peuples (telle que le caractère méchant de la nature humaine, qui rend nécessaire l'emploi de la force) on peut résumer ainsi la *formule transcendantale* du droit public : « Sont injustes tous les actes relatifs au droit des gens, dont on ne saurait rendre publiques les maximes. » En fait, Kant était assez idéaliste pour écrire : « Quoique cette proposition : l'honnêteté est la meilleure de toutes les politiques, annonce une théorie, trop souvent, hélas ! démentie par la pratique, aucune objection n'atteindra jamais celle-ci : l'honnêteté vaut mieux que toute politique et en est même une condition essentielle » (p. 363). En fait, il désirait tant voir la politique reposer sur l'honnêteté qu'il rejetait le serment comme l'équivalent d'une foi magique contradictoire avec « l'inaliénable liberté de l'homme ». Schopenhauer, en reconnaissant comme un fait le mensonge et, en certains cas, le droit de mentir, admettait aussi la nécessité pour l'État, en tant qu'institution fondée sur la violence, de recourir au serment, pour s'assurer que l'individu garde conscience de sa nature morale et de sa responsabilité à l'égard du tout.

33. Dans ses *Principes de la philosophie du droit*, HEGEL déclare sans limite l'esprit universel, l'esprit du monde ; autrement dit, il lui confère tous les droits en considérant que les intérêts de l'esprit d'un peuple particulier doivent battre en retraite devant lui (§ 340). Une telle

comprendre que le domaine de la réalité historico-politique implique l'impossibilité tragique d'appliquer totalement l'éthique ; autrement dit en ce qui concerne les principes de la morale, que sa structure engendre nécessairement, une tension entre la revendication des principes et le sens de la responsabilité, au sens webérien de l'expression[34].

Quelques exemples suffiront à justifier cette thèse.

Le maintien de l'autorité intérieure. Comme toutes les institutions, celle-ci repose sur des tabous précis en matière de pensée et de critique. Il s'agit de créer une atmosphère artificielle empêchant de soupçonner le moindre manquement ou la moindre faute. *Ergo* : le supérieur doit chercher à protéger ses collaborateurs de la critique ; le mythe, la prétention officielle à l'infaillibilité des fonctionnaires, gens faillibles, repose donc sur un mensonge continuel. La politique intérieure quotidienne consiste en marchés secrets, camouflages, trafics, « copinages », abêtissement conscient de l'opinion publique à laquelle on masque les véritables tenants et aboutissants.

Dans la mesure même où elles sont marquées par la peur, la méfiance et la rivalité, *les relations internationales* ne sauraient se passer de la diplomatie secrète, de l'espionnage et de la subversion. Le mensonge leur restera indispensable aussi longtemps que la politique extérieure gardera son statut de « légitime défense ».

L'*historiographie* est une forme de justification nationale et culturelle. Elle ne se préoccupe guère de la vérité objective. Elle en propose une vision stéréotypée qui met le groupe en valeur et favorise une identification suffisamment large pour en assurer la stabilité. Impossible de reconnaître les valeurs de l'« ennemi » si l'on ne jouit pas d'une tranquillité relative, à une époque un peu calme. Il aura fallu cent ans à l'Amérique du Nord pour pouvoir accorder un sens

---

dialectique historique fournit évidemment la base idéale de toutes les idéologies étatiques. Voir E. DREWERMANN, *Der Krieg und das Christentum*, p. 135-136.

34. « En ce qui concerne l'action de l'homme politique, déclare fort justement Max WEBER, il n'est pas toujours vrai que du bien ne sort que du bien, et du mal que du mal ; c'est souvent le contraire. Celui qui ne voit pas cela n'est qu'un enfant en politique » : « Der Beruf zur Politik » (1919), *Soziologie*, Stuttgart, 1968, p. 167-175 ; voir E. DREWERMANN, *ibid.*, p. 158.

positif à la culture indienne qu'elle avait détruite et on n'a pu commencer à reconnaître des qualités aux religions égyptienne, cananéenne, celte ou germanique qu'à partir du moment où elles ont cessé de constituer un danger pour la foi judéo-chrétienne. Aussi longtemps que l'histoire écrite reste celle des vainqueurs, elle a besoin du mensonge pour rester « victorieuse ».

C'est bien la justice, ou le moment du jugement, qui offre l'image la plus déprimante de l'impossibilité pratique de la vérité dans la vie publique. La simple procédure destinée à permettre officiellement le rétablissement du droit présuppose bien la pratique de l'égoïsme et du mensonge, et la seule chose qu'elle puisse proposer, c'est la répartition de la vérité en deux camps : celui de l'« accusation » et celui de la « défense », aucun des deux n'ayant pour fonction de dire la vérité, mais seulement de représenter et d'imposer le plus possible son propre point de vue. Le premier mensonge de la jurisprudence consiste donc déjà à faire comme si avocats et procureurs, partagés entre leur rage de se mettre en valeur et les intérêts du groupe, étaient au moins en état de faire ressortir objectivement les faits. Pire encore est la fausseté manifeste avec laquelle, lors du verdict, on s'accroche à la fiction du « libre arbitre », ce qui permet de se persuader de la possibilité de mesurer de l'extérieur l'acte d'une personne à l'aune du droit ou du tort. Il n'existe pas jusqu'à présent de communauté humaine qui ait pu renoncer au mensonge afin de se conformer au commandement formel du sermon sur la Montagne : « Ne jugez pas, afin de n'être pas jugés » (Mt 7, 1). La vérité consiste à reconnaître qu'il est impossible d'isoler l'acte d'une personne de sa vie, ou de son milieu, simplement pour charger un groupe professionnel institué de venir juger des « coupables » au nom de supposés « innocents ». Dans ses tableaux, Georges Rouault a fustigé avec une rigoureuse lucidité cette horrible caricature de l'humanité[35]. Au fond, il n'y aurait qu'un moyen de « faire droit » ; c'est celui qu'a décrit de façon classique Dos-

35. Voir G. ROUAULT, en particulier son *Miserere* (Paris, Éd. du Seuil, 1951), qui illustre de façon bouleversante ce thème du mensonge, spécialement dans sa gravure intitulée « Qui ne se grime pas ? », une image de tristesse tragique cachée sous le masque d'un clown, mais facile à déceler pour peu qu'on y regarde de près.

toïevski, dans *Crime et châtiment* : le juge d'instruction Porphyre Petrovitch a pour sa part réuni suffisamment d'indices pour pouvoir engager une procédure contre l'étudiant Raskolnikov pour meurtre de deux vieilles femmes. Il sait cependant qu'une véritable sentence ne saurait venir de l'extérieur, mais seulement de l'intérieur, et il attend donc que Raskolnikov, dirigé par son amour pour Sonia, la servante qui avait dû se prostituer par nécessité, et sous le poids de son propre sentiment de culpabilité, en arrive à se confesser de lui-même devant le tribunal[36].

La question du « verdict » ne diffère pas fondamentalement de celle que Dieu pose à Adam en Gn 3, 9, et la vérité ne saurait survenir que dans la mesure où il y aurait, ou plutôt où il devrait y avoir, un juge d'instruction semblable à celui de Dostoïevski, autrement dit un juge apte à accorder sa confiance au « délinquant » au point que celui-ci deviendrait capable de reconnaître les dessous de son acte, de les admettre franchement.

À côté de ceux de la magistrature, il faut ranger aussi dans *les mensonges sociaux* ceux des professions « sacrées », et en premier lieu ceux des médecins et des prêtres.

Plus la société est démocratique et « ouverte », plus elle exige avec entêtement et insistance cette contrevérité qu'est l'infaillibilité du médecin, au point que toute défaillance humaine de sa part est interprétée et poursuivie comme un scandale : pour le public, il n'existe à proprement parler pas de « défaillance humaine ». Certes, chacun pourrait admettre au fond de soi que l'on peut probablement commettre plus d'erreurs évitables en soi dans une salle d'opération que, par exemple, dans un garage : la simple nervosité passagère du chirurgien, un conflit conjugal à la maison, ou même une simple fatigue due à un vent du sud peuvent suffire à coûter la vie d'un patient. Mais qui oserait s'avouer ce jeu de risque et d'audace ? Plus notre société craint la mort, plus

---

36. Le juge déclare : « Si vous trouvez la foi, ou Dieu, vous vivrez [...]. Je crois qu'il vous reste beaucoup d'années à vivre. Dieu a peut-être des desseins sur vous. Et vous, ayez du courage, ne reculez pas par pusillanimité devant la grande action qu'il vous reste à accomplir [...]. Si vous avez commis l'acte, eh bien, soyez fort et faites ce qu'exige la justice. Je sais que vous ne me croyez pas, mais je vous donne ma parole que vous reprendrez goût à la vie » (DOSTOÏEVSKI, *Crime et châtiment*, Paris, Gallimard, « Bibl. de la Pléiade », p. 520).

ses médecins doivent faire figure de dieux capables de remplir infailliblement leur devoir professionnel. Malheur à qui dit la vérité, pourrait-on dire en parodiant le drame de Grillparzer.

Dans le cadre de l'Église, cela vaut de la même manière pour les prêtres. Ceux-ci ne représentent pas seulement Dieu ; ils doivent simuler un niveau moral tel que leur conduite apparaîtra « significative », « eschatologique ». L'autorité ecclésiastique ne saurait évidemment jamais avouer les angoisses et les refoulements névrotiques que provoque immanquablement leur genre de vie : le simple fait d'en admettre la possibilité semble un sacrilège attentatoire à la supériorité du prêtre, et le mensonge officiel et l'hypocrisie semblent infiniment plus faciles à accepter qu'une franche réflexion sur certains aspects du célibat ou bien sur le non-sens qu'il y a à qualifier une existence bourgeoise d'« humble » et de « pauvre » « pour le Royaume des cieux ».

On ne saurait non plus passer sous silence le mensonge social que constitue finalement *la pression de la mode et de l'étiquette*. Les femmes, en particulier, se trouvent constamment sous la menace de la pire des punitions : la perte d'amour, parce que nous sommes incapables d'accepter le vieillissement comme une phase de maturation et d'intériorisation en vue de l'éternité ; elles sont soumises à l'obligation de conserver une allure jeune aussi longtemps que possible, et par tous les moyens. Ce jeu va bien au-delà de celui de la mode et des concours de beauté, dont on trouve déjà le parallèle psychologique dans le comportement animal de la pariade ; globalement, il ne force à rien de moins qu'à une lutte perpétuelle contre soi-même et contre la vérité, et il ne cesse de susciter des sentiments d'infériorité et d'envie qu'on tente vainement de calmer en recourant à de nouveaux mensonges. On peut en dire tout autant de la nécessité absurde où se trouvent les hommes de faire figure de macho, de faire étalage de puissance en crânant et en jouant du coude pour bousculer les autres.

Toutes ces variations sur le thème du mensonge et de la tromperie procèdent d'une certaine nécessité de protéger des formes données d'institution ou de vie commune, dans un monde marqué par le mensonge, la violence et l'égoïsme. Cependant, pour illustrer encore un peu plus le tragique du mensonge et ses répercussions sur la vie personnelle, et montrer à quel point il est inévitable et contraignant, il faut encore citer tous les cas où il constitue l'unique moyen, non pas de se défendre contre un agresseur injuste ou de payer son tribut à certaines exigences sociales, mais de se protéger contre certaines accusations insupportables qui semblent davantage émaner de la puissance du destin que de la faute d'un tiers.

C'est ainsi qu'une femme mariée doit supporter jour après jour la surveillance, les angoisses, la sollicitude et les chantages à l'amour de sa mère de soixante-dix ans. En dépit de ses remarques, de ses prières ou de ses protestations, celle-ci est incapable de rien changer à son comportement égocentrique. Qu'on le veuille ou pas, il faut bien accepter que cette femme *doive* raconter n'importe quelle histoire pour se ménager un espace minimal de liberté, que ce soit pour aller chez le coiffeur, visiter une connaissance, lire un livre, ou s'offrir une pâtisserie... Et, si elle veut conjurer un conflit qui pourrait mettre en danger tout ce qu'elle a patiemment construit, que reste-t-il à faire à cette autre femme, dont le mari, maladivement jaloux, épie chaque lettre, chaque coup de téléphone, chaque promenade, chaque regard sur quelqu'un qui passe sur le trottoir d'en face, sinon se protéger par des mensonges ? Le dédoublement névrotique, le manque continuel de franchise finissent par créer chez elle une véritable tendance au double jeu, même dans son propre cercle, de sorte qu'elle finit par se trouver piégée dans son constant mensonge.

Mais les plus graves sont peut-être encore les contrevérités qui ne tiennent pas à des gens, mais à des situations et à des circonstances données où il est impossible de vivre sans dénégations « normales » et conscientes de la réalité. Deux exemples nous permettront de le faire voir : notre rapport aux animaux et notre attitude vis-à-vis du tiers-monde. Konrad Lorenz a écrit franchement un jour qu'il deviendrait probablement végétarien s'il avait continuellement sous les yeux les procédés utilisés pour tuer et dépecer les animaux avant que les charcutiers en fassent des mets appétissants pour nos tables[37]. Dans notre culture, la « délectation » que nous

37. « Un homme sensible et réfléchi ne pourrait supporter les inévitables dissonances existant entre les grands systèmes de la vie s'il n'avait pas la capacité d'en repousser l'idée. Je deviendrais très probablement végétarien si j'étais obligé de tuer moi-même tous les êtres vivants dont

offrent un pâté de foie ou un ragoût de veau présuppose notre volonté de ne rien savoir des méthodes et des pratiques affreuses de l'« élevage » et de l'abattage des animaux « utiles », donc de la « production de viande » à laquelle nous sommes redevables de notre rôti du dimanche[38].

Dans les cultures de la chasse, telles que celles de l'Amérique du Nord, on éprouvait un sentiment de culpabilité à tuer les bêtes ; mais, dans la façon de se procurer sa nourriture tout comme dans la rudesse des habitudes alimentaires, on faisait preuve de probité[39]. Seuls le raffinement et

je me nourris. Ici, il faut bien "refouler", et c'est même nécessaire. » Comment cela ? se demandera-t-on. Lorenz ajoute alors : « En devenant une habitude, le refoulement, l'élimination de la pensée de la souffrance des animaux peut devenir dangereux » (K. LORENZ, *Der Abbau des Menschlichen*, Munich, 1983, p. 262). Exact ! mais ce n'est encore qu'une moitié de la vérité. L'autre consiste en ce que, à la longue, nous ne pouvons plus supporter une morale du mensonge qui nous fait agir autrement que ce que nous sentons. *Ici* où il s'agit, non plus d'une nécessité de l'homme, mais de l'attitude de l'homme face à la créature, il n'existe plus aucun droit de défense légitime justifiant de mentir. En ce qui concerne le phénomène de mensonge lui-même, K. Lorenz déclare : « On respecte avec plus de conscience entre particuliers qu'entre collectivités l'interdit biblique du mensonge. J'accorde ma confiance à n'importe quel membre d'un conseil de surveillance et je suivrai sans hésiter son conseil. Mais, pris collectivement, un conseil de surveillance peut agir sans scrupule de façon immorale. Il est manifeste que le partage des responsabilités en décharge l'individu. En dépit du caractère imparfait de la science, j'ose avancer l'idée que la fréquence du mensonge officiel et la tolérance généralisée du fait que l'on vous trompe n'a fait que croître avec le développement des cultures et des civilisations avancées. Dans le commerce, on considère comme parfaitement légitime le trafic et la survalorisation trompeuse de la marchandise. Nombre de publicistes n'ont absolument pas honte du succès de leurs contrevérités ; ils s'en font même gloire. Je crois sérieusement que, si le mensonge, personnel ou collectif était estimé pour ce qu'il mérite, cela provoquerait une mutation totale et bénéfique de l'ensemble de la société humaine » (p. 269-270).

38. *Der tödliche Fortschritt. Von der Zerstörung der Erde und des Menschen im Erbe des Christentums*, Ratisbonne, 1983, p. 20-21.

39. Voir par exemple John (Fire) LAME DEER-Richard ERDOES, *Lame Deer. Seeker of Visions* (New York, 1972), où Lame Deer vitupère contre les méthodes artificielles d'élevage des Blancs et leur façon de torturer sans fin les animaux. Il y voit quelque chose qui correspond à la façon dont notre culture recycle les hommes en bureaucrates assujettis à l'horloge à pointer et les femmes en dragons aux visages effrayants. « Vous n'avez pas le courage de le [un oiseau] tuer franchement, de lui couper la tête, de le plumer, de le vider. Cela, vous ne le pouvez plus. Aujourd'hui, tout vous arrive à la cuisine dans un petit sac de plastique,

l'hypocrisie de notre culture rendent possible de déléguer à une mécanique insensible l'horrible massacre de millions d'animaux tout en fermant les yeux sur l'affreuse réalité que nous avons nous-mêmes créée. Nous faut-il donc mentir des millions de fois simplement pour quelques claquements de langue ? Ou bien l'obligation collective de mentir, ce mélange de sensibilité raffinée et d'hypocrisie, n'est-elle pas plutôt une preuve que nous pourrions et que nous devrions moralement nous contenter de vivre en végétariens ? En tout cas, physiologiquement et économiquement, nous pourrions le faire sans le moindre dommage. Un changement de nos habitudes alimentaires présenterait même de gros avantages économiques : nous n'aurions en particulier plus besoin de nourrir porcs, bœufs, poulets, pour contribuer à la nourriture des êtres humains, et nous pourrions utiliser intelligemment le gigantesque surplus de notre production agricole pour combattre la faim dans le monde. Il faudrait dire la même chose de notre consommation de médicaments et de cosmétiques, qui repose sur la mort horrible d'innombrables animaux de

propre et prêt à cuire, sans goût et sans faute. Vous portez vos manteaux de vison ou de phoque sans vouloir savoir combien de sang et de souffrance a valu leur préparation. C'est la même chose en ce qui concerne votre idée de la guerre : on s'assoit dans un avion, bien au-dessus des nuages, on appuie sur un bouton, les bombes tombent, et vous ne jetez même pas un regard sur les nuages. C'est une méthode inodore, hygiénique, innocente. Lorsque nous tuions les buffles, nous savions ce que nous faisions. Nous suppliions leur esprit de nous pardonner ; nous cherchions à leur expliquer pourquoi nous faisions cela, et nous disions une prière pour honorer les ossements de ceux qui avaient laissé leur vie pour que nous puissions vivre ; nous priions pour leur retour, nous priions pour la vie de nos frères, la nation des buffles, tout comme nous le faisions pour la vie de notre propre peuple. Vous ne pouvez pas comprendre cela » ; voir E. DREWERMANN, *Der Krieg und das Christentum*, p. 185-194. Lame Deer voit l'incarnation du mensonge dans « Iktome », le personnage mythique de l'homme-araignée qui raconte aux canards qu'il a un sac plein de musique, à condition qu'ils ferment les yeux, et qui les attire ainsi sur la rive en profitant de leurs chants pour couvrir le bruit de ses coups de bâton. Sans qu'Iktome soit découvert, la moitié des canards se font ainsi tuer, jusqu'au moment où l'un d'eux, resté en arrière, se met à battre des paupières et avertit alors les autres. « Iktome », commente Lame Deer, « c'est exactement vos politiciens hâbleurs qui font des affaires en baratinant et nous ordonnent de fermer les yeux, de chanter et de danser pendant qu'ils nous frappent sur la tête. Que les canards soient démocrates ou républicains ne change rien à rien » (voir p. 37-38).

laboratoire, sans que le consommateur habituel ait le moins du monde à se soucier des victimes de sa pratique[40]. La condition de cette consommation, c'est le mensonge ; le prix de nos goûts de m'as-tu-vu, c'est de vouloir ne pas voir.

La tromperie la plus terrible de la vie officielle, c'est sûrement celle qui concerne notre rapport au tiers-monde. C'est ainsi qu'en vingt ans, entre 1963 et 1983, un pays comme le Brésil en est arrivé à devenir le pays le plus endetté du monde, à la suite d'ambitieux projets d'industrialisation de cent milliards de dollars. Cela a forcé le gouvernement à faire financer par la population rurale tout d'abord le grand bond en avant, puis le remboursement de l'insupportable dette du « capital variable ». Quatre-vingts pour cent de la population du pays s'est ainsi trouvé au bord de la misère. Pour le commerce européen, japonais et nord-américain, commandes industrielles, excédents du commerce extérieur, réserves accrues de devises, etc. ont été et restent sources de profits, et on a de ce fait accumulé des gains suffisants pour pouvoir encore en tirer certains avantages « moraux », celui de passer vingt ans à discuter pour savoir s'il fallait « sacrifier » 0,35 ou 0,70 pour cent du produit national brut à l'« aide au développement ». L'abîme entre la richesse des pays de l'hémisphère Nord et la misère de l'hémisphère Sud est entre-temps devenu si dramatique qu'en République fédérale allemande personne n'oserait plus moralement faire appel au plaisir de consommer, si nécessaire à la relance de l'économie, s'il avait conscience de la somme de souffrance et de mort que coûte son « bien-être » au « tiers-monde ». On ne peut voir les images des *favelas* de São Paulo[41] ou des *slums* de Madras, de Bombay ou de Calcutta, et continuer

40. E. Drewermann, *Der tödliche Fortschritt*, p. 109-110.
41. Voir l'effrayant journal de Carolina Maria de Jésus. Au 31 décembre 1959, elle note : « J'espère que 1960 sera meilleur que 1959. Nous avons tant souffert en 1959 qu'on ne peut que dire à cette année : "va-t'en, va-t'en vraiment, je ne veux plus te voir, jamais plus". » C'était il y a vingt ans. Mais ce n'est qu'ensuite qu'a vraiment débuté la ruine de la population rurale brésilienne. Il faudrait être un Goya pour pouvoir fournir une expression adéquate de cette cruauté et de la colère qu'on ressent devant elle. La planche 42 des *Caprichos* : « *Tu que no puedes* » (« À toi, qui n'y peux mais ») montre deux ânes géants qui, au lieu de porter deux pauvres gens, les écrasent — ce qui illustre la relation actuelle entre les grandes puissances et leurs victimes. Voir F. Goya, *Caprichos*, Introduction U. Widmer, Zurich, 1972.

à faire en toute tranquillité ses achats de trucs et de machins pour Noël.

Mais cette double vie est déjà le propre de l'éthique bourgeoise : ce n'est que grâce à un effrayant refoulement de la réalité et au mensonge permanent qu'on trouve son « bonheur », qu'on est « comme il faut » [en français dans le texte]. Faut-il encore nourrir l'espoir que ce comportement nous vaudra au moins ce dont le Christ laissait la possibilité ouverte à ses bourreaux, celle du pardon « parce qu'ils ne savent pas ce qu'ils font » (Lc 23, 34) ? Le pire est que, non seulement nous ne voulons pas savoir ce que nous faisons, mais qu'en fait nous ne devons même plus le savoir, sinon toute notre structure sociale et économique s'effondrerait. En même temps, historiquement, un mensonge d'une telle démesure n'offre qu'un sursis, sans jamais constituer une solution, et nous ne pourrons éviter d'avoir un jour à faire face à la vérité, de gré ou de force. Sans doute la frontière entre le mensonge « de légitime défense » et le mensonge « pour se protéger » est-elle floue ; encore existe-t-elle ; si ce n'est pas la mesure de la vérité qui la détermine, c'est cependant la mesure de la responsabilité.

LE MENSONGE PAR PITIÉ

On ment pour se défendre. Mais il suffit qu'on adopte un instant le point de vue de l'autre, et on pourra comprendre pourquoi il y a une forme de mensonge qui équivaut à assumer ses responsabilités : le mensonge par pitié. On trompe un autre pour le protéger, pour lui épargner des vérités qui le détruiraient.

C'est un problème qu'on retrouve tout au long de l'histoire et il est facile à comprendre. Lorsqu'ils durent assez longtemps, les mensonges et les erreurs finissent à la longue par acquérir une sorte de vérité, et il y paraît alors plus sage de faire surgir une réalité nouvelle à partir des vieux mensonges que de tirer au clair les fautes passées. Sans doute une certaine acuité prophétique permet-elle de rappeler qu'une tradition « fausse » n'est qu'une erreur prolongée, et que la non-vérité finit à la longue par devenir encore plus insupportable. Mais la force de l'habitude et du fait accompli, c'est-à-dire la lâcheté humaine, l'emporte manifestement sur la force de l'amour de la vérité et sur la fidélité aux principes, et celui qui veut vivre parmi les hommes doit en tenir compte. C'est ainsi qu'il suffit aux frontières d'un État, même quand elles sont le résultat de violations flagrantes du droit, comme celles de la Pologne actuelle, de durer quelques décennies, pour que la volonté de les changer encore par la force soit perçue de nouveau comme injuste.

Or la vie des individus connaît quelque chose de similaire : ce sont ces limitations névrotiques du moi sous la pression d'une force extérieure qu'on a dû supporter des années et dont il a bien fallu finir par s'accommoder au mieux, pour son bien et pour celui des autres : de fausses identifications opérées pendant des décennies. Il n'y a de psychothérapie — ce que l'on devrait considérer comme le lieu de la vérité — qui ne se heurte un jour ou l'autre à l'amère question de savoir si le chemin de la découverte de son identité et de la guérison ne provoquera pas chez le patient et dans son entourage plus de souffrance que l'évitement de mensonges patiemment voilés. « Ne me tourmente pas », crie le possédé de Gerasa au Seigneur, lorsque celui-ci ordonne au démon de quitter l'esprit du malade (Mc 5, 7). C'est une prière qui ne cesse de résonner dans la salle de consultation du thérapeute, et elle demande à être entendue. Finalement, n'est-il pas plus humain et plus miséricordieux de vivre avec certains mensonges, plutôt que de courir le risque d'une issue incertaine ?

Cela vaut aussi de toutes sortes de formes de vie en commun.

Si elles disaient la vérité au bout de quinze ans de vie de couple, que de femmes devraient déclarer clair et net à leur mari que leur mariage a été pire qu'un viol — après celui-ci, on peut au moins fuir, ou attendre la mort. Mais cette vie quotidienne qui réduit tout à la grisaille, cette accoutumance qui fait de tout une habitude, cette connaissance mutuelle qui rend tout ennuyeux, ce confort qui étouffe toutes les dimensions spirituelles, cette pauvreté d'âme qui engourdit tout, ce rétrécissement sournois de la vie au bureau, à la bière et au lit peuvent être pire que le lent supplice que décrit Edgar Poe dans son récit *Le Puits et le Pendule*[42] : une existence constamment menée sous la menace

42. E. POE, *Le Puits et le Pendule*, trad. C. Baudelaire, Paris, Gallimard, 1951, p. 370-390.

d'un glaive qui s'abaisse en oscillant, tandis que les parois de la chambre, en se rapprochant, ne laissent plus pour se réfugier qu'un égout profond d'où surgissent des hordes de cafards et de rats. Combien de fois ne voit-on pas alors ce courage qu'il faut bien dire héroïque, celui du mensonge par pitié, qui prolonge l'absurde en lui donnant le nom de bonheur, discipline le dégoût en le nommant amour, et maintient en vie ce qui n'est que retraite résignée dans une vieillesse prématurée, en lui conférant le titre de fidélité. Dans le mensonge, il y a souvent plus de respect et d'humanité que dans la vérité. « Faux » respect ? Sûrement pas, si on songe combien l'homme est peu capable de supporter la vérité et à quel point il a besoin de la protection de l'illusion. Le vrai problème n'est pas de savoir comment dire sans fard la vérité à l'autre, mais comment le rendre capable d'accueillir cette vérité.

Dans son roman, *Jacob le menteur*[43], Jurek Becker a remarquablement fait sentir comment le mensonge par pitié pouvait aider à survivre. Personne ne peut vivre sans un minimum d'espérance, et c'est pourquoi, dans le camp de concentration, Jacob Heym, le juif, invente tous les jours les nouvelles qu'il prétend avoir entendues à la radio, secrètement. Au milieu du récit, il raconte à la petite Lina l'histoire d'une princesse qui tomba un jour malade et qui ne pouvait guérir qu'à condition qu'on lui apporte un nuage du ciel. Tous les sages du pays s'efforcèrent de le lui procurer, mais en vain. Il n'y eut que le fils du jardinier, qui avait souvent joué avec elle et qui la voyait maintenant toute pâle sur son lit, à affirmer que c'était extrêmement simple ; il suffisait que la princesse lui dise en quoi consistait un nuage. Devant une question aussi bête, elle se mit à rire et lui expliqua que c'était fait de ouate. « Et dis-moi encore quelle grandeur cela a. » « Tu ne sais même pas cela ? » s'étonna-t-elle. « Un nuage, c'est grand comme mon oreiller. Tu n'as qu'à voir toi-même : tire simplement le rideau et regarde par la fenêtre. » Alors le fils du jardinier courut à la fenêtre et s'écria : « C'est vrai ! Exactement aussi grand que ton oreiller[44]. » Puis il se précipita dehors et ramena bientôt à la princesse un morceau de ouate aux dimensions de l'oreil-

---

43. J. BECKER, *Jakob der Lügner*, Berlin-Weimar, 1969.
44. *Ibid.*, p. 173.

ler. Naturellement la princesse guérit et épousa ensuite le fils du jardinier. Cette petite histoire pose de façon extrêmement sensible le problème de la nécessité des illusions, autrement dit celui de la vérité du mensonge par pitié. À la fin du roman, alors que les trains sont sur le point de partir pour transporter les juifs aux chambres à gaz, Jacob recourt une dernière fois à ce moyen désespéré qu'est le mensonge par pitié, et il raconte à la petite Lina qu'on est maintenant en route pour l'Afrique. Et comme elle voit les nuages défiler devant la lucarne du wagon, elle demande encore une fois à Jacob s'il est vrai que la princesse a guéri parce qu'elle a reçu un morceau de ouate grand comme son oreiller. Mais Jacob lui répond : « Pas tout à fait. Elle souhaitait un nuage. L'astuce, c'est qu'elle pensait que les nuages étaient faits de ouate, et c'est pour cela que la ouate suffit à la satisfaire[45]. » Il est certain que les nuages ne sont pas faits de ouate, mais de vapeur d'eau ; ce n'était cependant pas ce que Lina voulait savoir.

Selon ce roman, les hommes vivent du lien qu'ils établissent entre les choses de la terre et « un morceau de ciel[46] », et si ce lien n'existait pas, s'il n'y avait aucune « analogie » entre le terrestre et le céleste, nous mourrions de chagrin. Car, sans cette foi, sans cette « illusion », sans ce « mensonge », tous les humains ne sont-ils pas comme du bétail qu'on mène à l'abattoir ? La métaphysique ne consiste en rien d'autre qu'à tenter de fournir la preuve qu'existe vraiment ce à quoi l'homme doit croire pour pouvoir vivre. Cela est-il mensonge, ou sagesse ? Ce qui est indispensable à la vie peut-il être tromperie ? Telle est finalement la question du sens de la religion en général, et si nous avons jusqu'à présent affirmé que seule celle-ci peut donner la confiance capable de rendre le mensonge inutile, il y a bien un paradoxe dans la façon dont, depuis deux cents ans, on soupçonne la religion de n'être qu'une illusion, un mensonge par pitié.

Dans *San Manuel Bueno, mártir*[47], une sorte d'autobio-

45. *Ibid.*, p. 281.
46. C'est le titre du livre de la juive Yanina DAVID : *A Square of Sky*, Londres, 1965.
47. M. DE UNAMUNO, *Saint Manuel le Bon*, Toulouse, Éd. Privat, 1972. Pour cet auteur, la religion n'avait pas pour fonction de résoudre

graphie, Miguel de Unamuno, l'écrivain espagnol qui a toute sa vie souffert sous l'emprise de cette question, a décrit de façon extraordinairement vivante la tragédie du mensonge par pitié, dans laquelle se reflète le conflit de la foi et du doute. Le roman présente les notes présumées d'Angelina Carballino sur la vie de Manuel Bueno, prêtre, curé de Valverde de Lucerna, que l'évêque veut canoniser pour son humanité. Mais Angelina, qui a dû témoigner pour la béatification, a tu le plus important, qu'elle a cependant consigné dans ses mémoires : c'est que Manuel s'est efforcé tout au long de sa vie de trouver la foi, mais sans jamais y parvenir. Ce n'est que par compassion qu'il a continué à prêcher à sa paroisse la bonté et la justice de Dieu, l'immortalité de l'âme — mais lui-même ne peut pas y croire. Au frère d'Angelina seulement, le libre penseur athée revenu d'Amérique, il a raconté son secret, son incapacité d'avouer aux gens simples cette vérité mortelle et insupportable qu'est l'inexistence de Dieu. Lazaro, l'athée, se laisse lui-même persuader par la chaleur et le dévouement de Manuel : par compassion, il confesse lui aussi une religion qui paraît fausse à sa raison, mais nécessaire à son cœur.

Peut-il y avoir une vérité qui ne soit pas humaine, et une compassion qui puisse être fausse ? Telle est la question que ne cesse de poser Miguel de Unamuno. S'il est impossible à

---

les conflits économiques ou socio-économiques : une démocratie chrétienne n'était pour lui rien de plus qu'un leurre. Mais la religion devait absoudre l'homme d'être au monde ; elle devait lui fournir l'« opium » nécessaire pour dormir, rêver, faire preuve de bonté ; elle devait le consoler d'être né. Don Manuel considère l'âme de l'homme comme l'eau d'un lac tranquille où se reflète le ciel, tout en se considérant lui-même comme Moïse auquel il est interdit de fouler la terre promise (la certitude religieuse) à cause de son manque de foi. Même l'infatigable bonté de don Manuel n'est pour lui qu'un opium contre le désespoir mortel de la solitude, de la faute et de la nullité. Mais il trouve une certaine consolation dans l'évidence d'une bonté humaine qui s'abstient de condamner même le malfaiteur et qui croit au pardon. Pour lui, c'est là le contenu essentiel d'une foi qui n'est pas de ce monde, même s'il ignore s'il y en a un autre. Mais le problème proprement dit de l'auteur semble être que l'amour et l'humanité dont fait preuve don Manuel ont essentiellement pour but de le faire échapper à son propre désespoir ; ils ne sont que pitié et ne tiennent compte que de la misère de l'homme. C'est pourquoi don Manuel n'a aucun ami. Seule la découverte de la valeur infinie d'un homme dans l'amour et l'amitié pourrait vraiment fonder la foi en l'immortalité.

l'homme de renier la croyance en Dieu et à l'immortalité de l'âme sans sombrer dans la déraison, y a-t-il rien de plus naturel et de plus nécessaire que de se donner de tout cœur à cette foi ? Encore une fois : s'il est de la nature de l'homme de croire en Dieu et de découvrir dans l'amour l'immortalité de l'homme, s'il appert de plus que seule cette foi permet à l'homme de trouver sa mesure naturelle et sa destination, ne faut-il pas voir dans cette nécessité même une *preuve* de la vérité de cette conviction en laquelle la raison voit au premier abord une « illusion » et un « mensonge » ? Se pourrait-il que notre cœur ne rêve, ne fabule, ne « mente » pas encore assez pour convaincre notre raison ? Et que, en dépit de tout, les nuages soient bien des oreillers ? Car notre tête a manifestement besoin du ciel pour s'y reposer. Ou, comme le disait Pascal : « Athéisme, marque de force d'esprit, mais jusqu'à un certain degré seulement[48] », autrement dit : « C'est le cœur qui sent Dieu, et non la raison. Voilà ce qu'est la foi. Dieu sensible au cœur, non à la raison[49]. » Si seule la foi rend l'homme capable de vérité, c'est qu'elle est la vérité de l'homme, vécue dans la confiance et découverte dans l'amour ; mais le mensonge, et en particulier le mensonge par pitié, n'est que la première marche du temple de l'humanité.

---

48. PASCAL, *Pensées de M. Pascal sur la religion et sur quelques autres sujets, qui ont esté trouvées après sa mort parmy ses papiers*, édités par F. Kaplan, Paris, Éd. du Cerf, 1982, n° 69, p. 127.
   49. *Ibid.*, n° 83, p. 132.

Table des matières

Achevé d'imprimer le 19 octobre 1992
dans les ateliers de Normandie Roto Impression S.A.
61250 Lonrai
N° d'imprimeur : I2-1166

N° d'éditeur : 9408
Dépôt légal : octobre 1992

Imprimé en France